U0620059

智能科学技术著作丛书

分布式流水车间调度与算法

李俊青　李佳珂　郑元杰　陈庆达　著

科 学 出 版 社

北　京

内 容 简 介

随着智能制造的不断推进，分布式调度已经成为学术界和企业界的热点问题。本书融合考虑装配阶段、分批交付约束、阻塞约束和恶化时间约束、机器人约束、订单约束、阻塞约束和装配阶段、延展性序列相关切换时间和工件分组等几类典型分布式流水车间调度问题，分别建立了混合整数规划模型，研究了问题的先验知识和结构特性，探索了鲸鱼群优化、模拟退火、迭代贪心、非支配排序遗传、变邻域搜索等算法求解的关键理论与技术，提出了一系列具有创新性的优化调度理论，并设计了多种高效的调度方法。

本书可供计算机、管理科学、系统工程等相关专业的教师及研究生以及自然科学和工程技术领域的研究人员学习参考。

图书在版编目（CIP）数据

分布式流水车间调度与算法 / 李俊青等著. -- 北京 ： 科学出版社，2025. 3. -- （智能科学技术著作丛书）. -- ISBN 978-7-03-081096-0

Ⅰ. F406.2

中国国家版本馆CIP数据核字第20250UK077号

责任编辑：张海娜 王 苏 / 责任校对：任苗苗
责任印制：肖 兴 / 封面设计：陈 敬

科学出版社 出版
北京东黄城根北街 16 号
邮政编码：100717
http://www.sciencep.com
三河市骏杰印刷有限公司印刷
科学出版社发行 各地新华书店经销
*
2025 年 3 月第 一 版 开本：720 × 1000 1/16
2025 年 3 月第一次印刷 印张：11 1/4
字数：219 000

定价：98.00 元

（如有印装质量问题，我社负责调换）

“智能科学技术著作丛书”序

“智能”是“信息”的精彩结晶，“智能科学技术”是“信息科学技术”的辉煌篇章，“智能化”是“信息化”发展的新动向、新阶段。

“智能科学技术”（intelligence science & technology，IST）是关于“广义智能”的理论算法和应用技术的综合性科学技术领域，其研究对象包括：

· “自然智能”（natural intelligence，NI），包括“人的智能”（human intelligence，HI）及其他“生物智能”（biological intelligence，BI）。

· “人工智能”（artificial intelligence，AI），包括“机器智能”（machine intelligence，MI）与“智能机器”（intelligent machine，IM）。

· “集成智能”（integrated intelligence，II），即“人的智能”与“机器智能”人机互补的集成智能。

· “协同智能”（cooperative intelligence，CI），指“个体智能”相互协调共生的群体协同智能。

· “分布智能”（distributed intelligence，DI），如广域信息网、分散大系统的分布式智能。

“人工智能”学科自 1956 年诞生以来，在起伏、曲折的科学征途上不断前进、发展，从狭义人工智能走向广义人工智能，从个体人工智能到群体人工智能，从集中式人工智能到分布式人工智能，在理论算法研究和应用技术开发方面都取得了重大进展。如果说当年“人工智能”学科的诞生是生物科学技术与信息科学技术、系统科学技术的一次成功的结合，那么可以认为，现在“智能科学技术”领域的兴起是在信息化、网络化时代又一次新的多学科交融。

1981 年，中国人工智能学会（Chinese Association for Artificial Intelligence，CAAI）正式成立，25 年来，从艰苦创业到成长壮大，从学习跟踪到自主研发，团结我国广大学者，在“人工智能”的研究开发及应用方面取得了显著的进展，促进了“智能科学技术”的发展。在华夏文化与东方哲学影响下，我国智能科学技术的研究、开发及应用，在学术思想与科学算法上，具有综合性、整体性、协调性的特色，在理论算法研究与应用技术开发方面，取得了具有创新性、开拓性的成果。“智能化”已成为当前新技术、新产品的发展方向和显著标志。

为了适时总结、交流、宣传我国学者在“智能科学技术”领域的研究开发及应用成果，中国人工智能学会与科学出版社合作编辑出版“智能科学技术著作丛书”。

需要强调的是，这套丛书将优先出版那些有助于将科学技术转化为生产力以及对社会和国民经济建设有重大作用和应用前景的著作。

我们相信，有广大智能科学技术工作者的积极参与和大力支持，以及编委们的共同努力，“智能科学技术著作丛书”将为繁荣我国智能科学技术事业、增强自主创新能力、建设创新型国家做出应有的贡献。

祝“智能科学技术著作丛书”出版，特赋贺诗一首：

智能科技领域广
人机集成智能强
群体智能协同好
智能创新更辉煌

涂序彦

中国人工智能学会荣誉理事长

2005 年 12 月 18 日

前　　言

智能制造生产过程中存在大量调度优化问题，这些调度优化问题直接影响生产企业的生产效率，提高调度优化质量有利于企业提高经济效益和社会效益。近年来，分布式生产模式可以有效利用企业的各类资源来提高生产效率，因而分布式模式下的调度问题已经成为学术界和企业界的研究热点。另外，以鲸鱼群优化算法、迭代贪心算法等为代表的智能优化算法得到了广泛研究，并在连续优化和离散优化中表现出良好性能。

流水车间调度问题是一类典型的生产调度问题，大量存在于各类生产过程中，如炼钢连铸、预制构件生产加工、汽车零部件加工等。本书以分布式流水车间调度为背景，结合实际生产过程中存在的各类约束和目标，开展数学建模和优化方法相关研究，并针对服装加工、制药等实际调度过程开展实例验证。

本书是作者多年来针对相关问题的研究成果，也是对国家自然科学基金项目成果的总结和应用。本书的研究内容还吸收了近几年作者的论文成果。感谢国家自然科学基金项目（62473331，62173216）、云南省基础研究计划重点项目（202401AS070036）、云南省现代分析数学及其应用重点实验室项目（202302AN360007）的资助，感谢博士研究生杜宇、陈小龙，硕士研究生牛唯、李文涵、李庆华、杜召胜、王欣蕊、朱梦萱、汪慧琳等为本书所做的整理工作。

需要指出的是，本书反映了课题组的阶段性研究成果，作为研究对象的分布式流水车间生产调度问题十分复杂，且约束条件和优化目标处于不断变化之中，难免存在不足之处，敬请读者批评指正。

李俊青

2024 年 7 月

目　录

第1章 绪　　论

随着智能制造的不断推进，调度问题越来越体现出其重要性。目前，典型的调度问题包括流水车间调度、混合流水车间调度、作业车间调度、柔性作业车间调度、开放车间调度等。随着企业不断国际化，分布式加工越来越成为典型的模式，因而，分布式调度问题已经成为学术界和企业界的热点问题。本章围绕几类典型的分布式流水车间调度问题的研究现状展开分析。

1.1 典型调度问题背景

中国制造业的革新迫切需要大力发展智能制造[1]。调度问题是智能制造的重要分支，而车间调度问题是调度应用中研究最广泛的分支。文献[2]指出超过四分之一的组装线以及加工制造过程都可视为流水车间调度问题(flow shop scheduling problem, FSP)。因此，FSP成为调度中最受关注的研究问题[3-6]。

图1-1(a)展示了一类典型生产车间示意图。服装业生产过程也是一类典型的调度问题，如图1-1(b)所示，生产过程具有典型的多品种、小批量生产等特点。我国是服装业产销大国，传统的服装生产主要依靠人力资源，如图1-2(a)所示。随着出口量的增加，人工劳动效率低、成本高、生产慢等缺点日益凸显。为了与时俱进，将智能化生产引入服装业，如图1-2(b)所示，通过机器加工代替手工，保证了生产高效性，降低了加工成本，提高了生产速度，从而能够满足国内外服装业的需求。进一步，随着经济全球化不断推进，与其他生产过程类似，服装业

(a) 生产车间

(b) 服装生产车间

图1-1　车间调度和服装业生产调度

(a) 传统手工服装生产

(b) 新型智能化服装生产

图 1-2　传统手工和新型智能化服装生产模式对比

生产方式也逐步进入分布式生产模式，实现了资源整合、降低成本、提高效率、快速生产的目标[3-4]。图 1-3 展示了服装业的典型分布式加工过程，主要包括加工、装配和分批交付(批处理)三大阶段。首先把加工服装需要的部件分配给各个工厂，之后进入工件加工阶段；加工后的工件进入产品装配阶段，借助搬运设备把加工完成的工件运输到装配机上进行装配；最后进入分批交付(批处理)阶段，根据客户的需求把装配好的服装交付给客户。

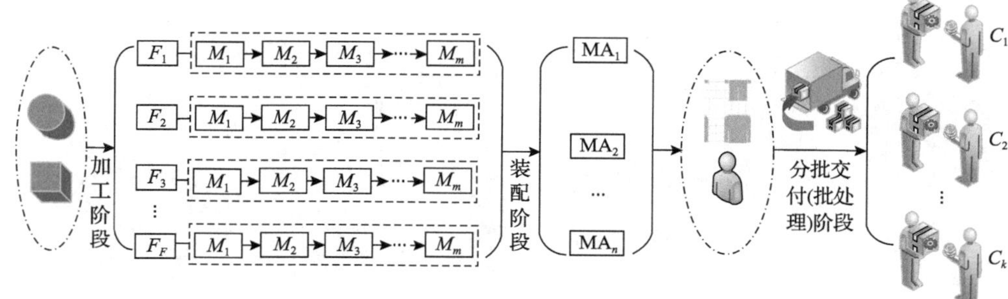

图 1-3　服装业的典型分布式加工过程

F-factory(工厂)；*M*-machine(机器)；MA-machine assemble(装配机器)；*C*-customer(客户)

1.2 国内外研究现状

1.2.1 分布式流水车间调度问题研究现状

分布式流水车间调度问题(distributed flows shop scheduling problem, DFSP)已成为近年来的研究热点之一。文献[7]为求解该类问题，提出了一种改进的分布估计算法(estimation of distribution algorithm, EDA)，算法根据问题特征设计了局部搜索算子，显著提高了搜索能力。文献[8]提出了一种离散搜索(discrete search, DS)算法，设计了多样化生成法、改进法、参考集更新法、子集生成法以及子集重组选择法等五种方法。文献[9]设计了一种混合免疫算法(hybrid immune algorithm, HIA)，并将HIA与变异、疫苗接种操作算子相结合。文献[10]结合新的禁忌策略，融入了改进的强化局部搜索方法，实现了一种改进的禁忌算法。文献[11]提出了18种构造启发式算法，结合迭代贪心(iterated greedy, IG)算法，提升了算法求解能力。文献[12]设计了一种融合贪婪策略的化学反应优化方法。文献[13]提出了有界搜索迭代贪心算法，并嵌入了三种局部搜索策略以提升算法搜索能力。文献[14]采用多目标进化算法，设计了遗传算子和局部搜索相结合的混合策略，通过多层次优化来求解DFSP。文献[15]改进了教学优化算法，考虑了工厂负载和淘汰机制来提高算法性能。文献[16]采用了多目标鲸群算法，并与局部搜索算法相结合。

在约束处理方面，文献[17]在考虑无等待约束的DFSP中，提出了四种邻域搜索策略来避免陷入局部极小，提高了局部搜索能力。在考虑有限缓冲区约束的DFSP中，文献[18]在算法部分嵌入了单点交叉和有效的贪婪策略，以提高求解质量；文献[19]采用混合EDA来搜索最优解。在考虑零空闲约束的DFSP中，文献[20]提出了一种迭代贪心算法；文献[21]通过将教学优化算法和模因算法相结合来提高解的质量；文献[22]提出了一种头脑风暴算法求解带总延时约束的DFSP；文献[23]提出了一种基于模糊逻辑的混合分布估计算法，用来求解具有机器故障约束的DFSP，算法融合了一种基于模糊逻辑的自适应进化策略；文献[24]为了求解带阻塞约束的DFSP，构建了两类数学模型，设计了一种新的混合离散差分进化算法，改进了突变和交叉算子，融合了偏置分段算子来增加搜索信息的多样性；文献[25]考虑了顺序相关准备时间约束，并通过多班教学算法进行求解。

1.2.2 装配式流水车间调度问题研究现状

随着科学技术的飞速发展，企业不能仅满足于工件的加工，还急需具备多品种、小批量生产的能力，装配生产过程也因此产生并成为FSP的一个重要分支。装配式流水车间调度问题(assembly flow shop scheduling problem，AFSP)于1995

年首次提出[26]。与 FSP 不同，一个典型的 AFSP 通常包括两个阶段：加工阶段和装配阶段。在 FSP 的基础上添加了一个装配阶段，也就是先将每个工件按加工顺序进行加工，然后通过装配机将加工完的工件集中组装成不同的产品。针对装配式流水车间调度问题，文献[27]考虑了具有装配工序的 FSP，建立了具有加工、安装及装配步骤的优化模型。针对装配式混合流水车间调度问题(hybrid assembly flow shop scheduling problem, HAFSP)，文献[28]和[29]分析了问题上下界，提出了一种分支定界法。文献[30]提出了一种带全局交换的邻域搜索方法。针对装配式柔性流水车间问题(flexible assembly flow shop problem, FAFSP)，文献[31]提出了一种遗传算法和禁忌搜索相结合的混合算法。文献[32]采用混合 EDA 来解决柔性装配流水车间调度问题，并使用了全局优化策略提高算法跳出局部最优的能力。文献[33]考虑了带有同构并行机床的一类问题，设计了有效的启发式算法，当工件数量变大时，该启发式算法渐近最优。文献[34]考虑了批量输送系统，并利用双层遗传算法来解决此问题。文献[35]考虑了释放时间，提出了灰狼优化算法进行解的优化。文献[36]考虑了异构装配机器，提出了四种混合元启发式算法。文献[37]提出了一种列生成方法。文献[38]考虑了分批和配送操作，提出了混合整数非线性规划模型，并设计了混合帝国主义竞争算法(hybrid imperialist competitive algorithm, HICA)。文献[39]在解决带有释放时间的两阶段流水车间调度问题的同时优化了总延迟和总完工时间，设计了一种启发式算法。文献[40]解决了具有累积学习能力的两级三机流水车间调度问题，并在小尺寸工件的分支定界法中考虑了下界约束，提出了六种改进的混合粒子群优化(particle swarm optimization, PSO)算法。文献[41]研究了两阶段 AFSP，考虑了配送协同约束，提出了混合遗传算法，将反向学习和反向邻域相结合提高算法的搜索能力。文献[42]进一步研究了两阶段 AFSP，设计了一种新颖的类电磁机混合算法。文献[43]解决了三阶段 AFSP，为了最大限度地减小产品完工时间的加权和，提出了一种利用分支定界法求解的有效方法。文献[44]首次解决了多阶段 AFSP，建立了混合二元线性优化模型，考虑了问题的下界，设计了九种有效的启发式算法。装配式流水车间调度问题相关研究如表 1-1 所示。

表 1-1 装配式流水车间调度问题相关研究

问题	作者	方法	文献
HAFSP	Fattahi 等	分支定界法	[28]
	Yokoyama	分支定界法	[29]
	Lei 等	全局交换+邻域搜索	[30]
FAFSP	Sukkerd 等	遗传算法+禁忌搜索	[31]
	李子辉等	混合 EDA	[32]

续表

问题	作者	方法	文献
两阶段 AFSP	Koulamas 等	启发式算法	[33]
	Basir 等	双层遗传算法	[34]
	Komaki 等	灰狼优化算法	[35]
	Navaei 等	启发式算法	[36]
	Sabouni 等	列生成法	[37]
	Kazemi 等	HICA	[38]
	Sheikh 等	启发式算法	[39]
	Yokoyama 等	分支定界法+混合 PSO 算法	[40]
	马文琼等	混合遗传算法	[41]
	严洪森等	类电磁机混合算法	[42]
三阶段 AFSP	Sheikh 等	分支定界法	[43]
多阶段 AFSP	Wu 等	启发式算法	[44]

1.2.3 带装配阶段的分布式流水车间调度问题研究现状

带装配阶段的分布式流水车间调度问题(distributed assembly flow shop scheduling problem，DAFSP)融合考虑了装配式和分布式约束[45-46]，是一类具有现实生产特点的调度问题。近年来，相关研究主要围绕优化算法和约束处理两个方面展开。

在优化算法方面，文献[47]建立了问题模型，设计了启发式算法和变邻域下降算法相结合的混合算法。文献[48]提出了改进的迭代贪心算法，融合了局部搜索，设计了算法销毁和重构过程。文献[49]设计了基于 EDA 的模因算法，将 EDA 的勘探和局部搜索开采结合到模因算法框架中，建立了描述最优解概率分布的概率模型，改进了增强采样机制，并融合了基于关键路径的局部搜索策略。文献[50]提出了一种基于生物地理学的混合优化算法，融合了几类启发式算法，并嵌入了一种新的局部搜索。文献[51]提出了一种回溯搜索超启发式算法，设计了一种双层优化机制。文献[52]实现了一种改进的遗传算法，采用了贪婪交配池选择最优解，并设计了交叉策略来提高收敛速度。文献[53]通过三维矩阵立方体改进了 EDA，提出了变邻域下降算法来提升求解质量。

在约束处理方面，文献[54]考虑了具有无等待约束的 DAFSP，提出了利用加工时间最短法则，在变异阶段根据工厂的完工时间来插入工件，并改进了生物地理学算法。为了解决具有总流量准则约束的 DAFSP，文献[55]提出了三种离散入侵杂草优化算法，融合了局部搜索策略。为了解决具有序列相关切换时间约束的DAFSP，文献[56]设计了遗传规划超启发式算法，其中遗传算法和启发式算法分别作为高层和低层策略来优化解。文献[57]考虑了模糊约束的DAFSP，改进了混合交叉熵算法解决分布式装配线问题，并设计了基于三角模糊排序的修正策略。为了解决具有随机加工时间约束的DAFSP，文献[58]提出了一种融合元启发式方法的有偏随机混合算法。

综上，DAFSP相关研究相对匮乏，还存在诸多挑战性难题。上述文献所考虑的约束中，大多数均考虑单一装配机问题，对多约束、分布式流水线加工过程尚需开展深入研究。表1-2展示了带装配约束的分布式流水车间调度问题的相关研究成果。

表 1-2　带装配约束的分布式流水车间调度问题相关研究

问题	作者	方法	文献
DAFSP	Pan 等	启发式算法+变邻域下降算法	[47]
	Huang 等	局部搜索+改进的迭代贪心算法	[48]
	Wang 等	基于 EDA 的模因算法	[49]
	Lin 等	基于生物地理学的混合优化算法	[50]
	Lin 等	回溯搜索超启发式算法	[51]
	Zhang 等	改进的遗传算法+交叉策略	[52]
	Zhang 等	变邻域下降算法	[53]
DAFSP + 无等待约束	黄佳琳等	改进生物地理学算法	[54]
DAFSP+总流量准则约束	Sang 等	离散入侵杂草优化算法+局部搜索策略	[55]
DAFSP+序列相关切换时间约束	Song 等	遗传规划超启发式算法	[56]
DAFSP + 模糊约束	余明哲等	改进混合交叉熵算法	[57]
DAFSP+随机加工时间约束	Gonzalez-Neira 等	有偏随机混合算法	[58]

1.2.4　带分批交付约束的分布式流水车间调度问题研究现状

分批交付约束存在于诸多领域中，如分布式网络配置调度[59]。Wang 等[60]提出了基于订单选择的分配问题。Yin 等[61]集成了生产和分批交付调度过程。Qi 等[62]研究了分批交付下的两代理调度。Basir 等[34]在两阶段装配流水车间上提出了一种分批交付系统，并找到了合适的批次。Noroozi 等[63]考虑了第三方物流配送，结合了生产调度和分批交付。石建力等[64]在研究铁路物流配送问题时，考虑了分批配送优化方式，以行驶时间和服务时间为优化指标，提出了局部搜索策略和扰动机制。Kong 等[65]提出了一种准时化策略，以解决预制施工中的分批交付问题。Kazemi 等[38]考虑了装配流水车间调度的分批交付。Agnetis 等[66]建议在生产和工厂之间进行分批交付，主要业务包括加工和运输。Wang 等[67]研究了供应链中分批交付给多个客户的 FSP，其中包括加工和分批交付两个阶段。彭温馨[68]把订单分配和配送路径看成特殊的生产和配送问题进行研究，设计了四阶段的启发式方法进行求解。马士华等[69]提出了订单分批策略，考虑了时间问题，设计了动态时间窗，消除了等待时间以及闲忙不均的现象。彭剑[70]在多个工厂调度中，使用分批运输的方式解决了降低消耗成本的问题，提高了效率。杜苗苗[71]针对分批配送问题提出了两类配送，根据这两类配送分别进行了数学建模。

1.2.5 带机器人约束的分布式流水车间调度问题研究现状

工业机器人精度不断提高，其应用逐渐渗透到智能制造领域，“机器代人”有助于提高工厂加工效率。流水车间调度系统通常涉及一系列现实生产约束，如工件搬运资源约束、工序间准备时间约束等。目前，一些文献已开始针对带机器人约束的 FSP 展开研究，但现有文献大多集中于一个车间中单机器人或多机器人的应用研究。为了最大限度地提高车间吞吐量或机器人效率，以最小化最大完工时间 (Makespan) 或机器人循环时间 (有一些车间需要机器人周期性地重复其操作，这种生产过程称为循环调度，这个过程持续的时间为循环时间) 为优化准则。表 1-3 总结了带机器人约束的 FSP 的优化方法。

表 1-3 带机器人约束的 FSP 的优化方法研究

方法	约束	目标	文献
禁忌搜索策略	单机器人运输	最小化遍历所有节点的总时间和等待时间	[72]
禁忌搜索策略	机器人运输时间和空移时间	最小化最大完工时间	[73]
基于模拟退火的元启发式方法	机器人任务时间和能耗	最小化循环时间和总能耗	[74]
聚类多智能体模型的混合元启发式方法	机器人运输时间、多机器人	最小化最大完工时间	[75]
协作强化学习方法	两个机器人传输工件	最小化最大完工时间	[76]
多级循环调度算法	多机器人循环运输、无等待	最小化循环时间	[77]
多项式算法	多机器人调度、无等待	最小化机器人数量	[78]
遗传算法和禁忌搜索策略	多机器人装卸	最小化循环时间	[79]
高效的双准则算法	机器人运输时间	最小化循环时间和稳定半径	[80]
元启发式优化算法	机器人运输时间、阻塞和释放时间	最小化最大完工时间	[81]
混合整数线性规划模型	多机器人循环运输、加工时间上下限	最大化吞吐能力	[82]
模拟退火算法	单机器人运输、阻塞、机器加工能力	最小化最大完工时间	[83]

以上文献为流水车间调度问题中考虑机器人约束的研究奠定了理论基础，也提供了多种优化方法解决带机器人约束的 FSP，但是目前的研究只局限于单工厂内的机器人调度问题，缺乏结合分布式流水车间调度问题加入现实生产中机器人运输或装卸时间约束的研究。

1.2.6　带订单约束的分布式流水车间调度问题研究现状

市场需求不断提高，产品种类不断多样化，因此制造商应根据不同订单进行个性化加工以提升产品质量和客户满意度。每个订单由多个任务或不同产品类型构成，在组织生产中为避免同一个订单中的任务分散处理，需要单个批次单独加工并交付[84]。在流水车间中考虑订单约束的实际应用有造纸工业中的整理操作、制造镜片、生产制药和分拣操作等[85-86]。随着国家对绿色制造要求的不断提高，订单分配调度逐渐成为绿色制造、管理研究等领域的研究热点，以订单形式分批把工件分配给多个工厂加工，有助于降低时间成本和工件分配调度的难度。

然而考虑订单约束的相关文献还比较少，当前研究主要集中于 FSP 中。例如，Blocher 等[87]研究了并行机调度问题中的客户订单分派方法，以最小化订单平均完工时间。Lee[88]针对带订单约束的 FSP，建立了以最小化总延迟时间为目标的数学模型。Framinan 等[89]提出了一种基于前瞻性机制的构造启发式算法，融合禁忌搜索策略，以最小化总订单完工时间。Meng 等[90]研究了分布式流水车间中的订单分配约束，设计了多种启发式策略。

1.2.7　阻塞流水车间调度问题研究现状

阻塞流水车间调度问题(blocking FSP, BFSP)是经典流水车间调度问题的扩展[91]，广泛存在于钢铁工业、制造系统、化学工业、金属零件制造、装配线等现代制造生产系统中。BFSP 描述的调度场景是在实际生产过程中，由于缺乏中间存储，或者技术要求在制造过程的某些阶段允许加工的工件停留在机器中。如果相邻两台机器之间没有缓冲区，则一般将 FSP 转换为 BFSP[91-102]。Zhao 等[92]提出了一种集成离散差分进化算法来解决分布式制造环境下以最小化最大完工时间为目标的 BFSP。文献[96]第一次尝试解决并行 BFSP，并使用迭代贪心算法以最小化总延误为目标对问题进行优化。Ribas 等[99]研究了阻塞约束下并行流水车间配置中的作业调度问题。文献[100]针对分布式 BFSP，提出了一种多目标离散差分进化方法。张其亮等[101]提出了一种迭代贪心算法与粒子群优化混合的方法。特别地，阻塞约束源于生产技术本身，如温度或其他特性，要求完工的工件必须保留在当前机器上，以避免变质或者额外的成本。在钢铁加工行业中的浸泡环节，考虑到工件必须保留在配料机内以避免材料变质，Gong 等[102]将此过程抽象为 BFSP。

1.2.8 节能多目标调度问题研究现状

近年来，节能调度问题成为研究热点，出现了许多节能优化方法[38]。Han 等[103]提出了一种离散进化多目标优化算法，以解决考虑能耗准则的 BFSP。由于柔性作业车间中工件类型复杂、单批工件数量多、加工工艺路线灵活性强，李聪波等[104]研究了一种面向总能耗(total energy consumption，TEC)的多工艺路线柔性作业车间分批优化调度模型。对于带无等待约束的 FSP，使用一种新的多目标离散人工蜂群算法来优化完工时间和 TEC 目标[105]。在文献[106]中，与 TEC 相关的最慢允许速度规则被用于初始化总体。针对具有生产效率度量的流水车间序列相关组调度问题，He 等[107]考虑了一种基于关键路径的加速评估和贪婪合作协同进化算法，以最小化完工时间、总流水时间和 TEC 为目标解决了流水车间组调度问题。为了解决速度变化问题，Öztop 等[108]提出了一个混合整数线性规划模型和一个具有两个目标的约束规划模型，并使用增广 ε-约束方法来平衡最小化完工时间和能耗这两个目标。文献[109]提出了一种有效的优化算法，该算法是迭代贪婪算法和模拟退火算法的混合，用于解决起重机运输过程中的柔性作业车间调度问题。Yan 等[110]设计了一种用于节能柔性流水车间调度的多级优化方法。针对混合流水车间调度问题，Wang 等[111]提出了具有不同能效、顺序相关切换时间和机器之间运输链路的多目标算法。

参考文献

[1] 柴天佑. 工业人工智能发展方向[J]. 自动化学报, 2020, 46(10): 2005-2012.

[2] 刘长平, 叶春明. 置换流水车间调度问题的萤火虫算法求解[J]. 工业工程与管理, 2012, 17(3): 56-59, 65.

[3] 刘延风, 刘三阳. 改进微粒群优化求解置换流水车间调度问题[J]. 计算机集成制造系统, 2009, 15(10): 1968-1972, 1985.

[4] 潘全科, 赵保华, 屈玉贵. 无等待流水车间调度问题的优化[J]. 计算机学报, 2008, 31(7): 1147-1154.

[5] 周驰, 高亮, 高海兵. 基于 PSO 的置换流水车间调度算法[J]. 电子学报, 2006, 34(11): 2008-2011.

[6] 吴妍. 国家物流枢纽布局和建设规划发布[J]. 福建轻纺, 2019,(2): 2.

[7] Wang S Y, Wang L, Liu M, et al. An effective estimation of distribution algorithm for solving the distributed permutation flow-shop scheduling problem[J]. International Journal of Production Economics, 2013, 145(1): 387-396.

[8] Naderi B, Ruiz R. A scatter search algorithm for the distributed permutation flowshop scheduling problem[J]. European Journal of Operational Research, 2014, 239(2): 323-334.

[9] Xu Y, Wang L, Wang S Y, et al. An effective hybrid immune algorithm for solving the distributed permutation flow-shop scheduling problem[J]. Engineering Optimization, 2014, 46(9): 1269-1283.

[10] Gao J, Chen R, Deng W. An efficient tabu search algorithm for the distributed permutation flowshop scheduling problem[J]. International Journal of Production Research, 2013, 51(3): 641-651.

[11] Fernandez-Viagas V, Perez-Gonzalez P, Framinan J M. The distributed permutation flow shop to minimise the total flowtime[J]. Computers & Industrial Engineering, 2018, 118: 464-477.

[12] Bargaoui H, Driss O B, Ghdira K. A novel chemical reaction optimization for the distributed permutation flowshop scheduling problem with makespan criterion[J]. Computers & Industrial Engineering, 2017, 111: 239-250.

[13] Fernandez-Viagas V, Framinan J M. A bounded-search iterated greedy algorithm for the distributed permutation flowshop scheduling problem[J]. International Journal of Production Research, 2015, 53(4): 1111-1123.

[14] Wang G C, Li X Y, Gao L, et al. Energy-efficient distributed heterogeneous welding flow shop scheduling problem using a modified MOEA/D[J]. Swarm and Evolutionary Computation, 2021, 62: 100858.

[15] 张清勇，孙泽轩，雷德明．分布式两阶段混合流水车间调度[J]．华中科技大学学报（自然科学版），2020, 48(4): 127-132.

[16] Wang G C, Gao L, Li X Y, et al. Energy-efficient distributed permutation flow shop scheduling problem using a multi-objective whale swarm algorithm[J]. Swarm and Evolutionary Computation, 2020, 57: 100716.

[17] Shao W S, Pi D C, Shao Z S. Optimization of makespan for the distributed no-wait flow shop scheduling problem with iterated greedy algorithms[J]. Knowledge-based Systems, 2017, 137: 163-181.

[18] Yurtkuran A, Yagmahan B, Emel E. A novel artificial bee colony algorithm for the workforce scheduling and balancing problem in sub-assembly lines with limited buffers[J]. Applied Soft Computing, 2018, 73: 767-782.

[19] 王垒，摆亮，钱斌，等．分布式有限缓冲区流水车间混合 EDA 调度[J]．控制工程，2020, 27(4): 593-598.

[20] Ying K C, Lin S W, Cheng C Y, et al. Iterated reference greedy algorithm for solving distributed no-idle permutation flowshop scheduling problems[J]. Computers & Industrial Engineering, 2017, 110: 413-423.

[21] 邵炜世．基于元启发式的分布式车间调度方法研究[D]．南京：南京航空航天大学, 2018.

[22] Fu Y P, Tian G D, Fathollahi-Fard A M, et al. Stochastic multi-objective modelling and optimization of an energy-conscious distributed permutation flow shop scheduling problem with

the total tardiness constraint[J]. Journal of Cleaner Production, 2019, 226: 515-525.

[23] Wang K, Huang Y, Qin H. A fuzzy logic-based hybrid estimation of distribution algorithm for distributed permutation flowshop scheduling problems under machine breakdown[J]. Journal of the Operational Research Society, 2016, 67(1): 68-82.

[24] Zhang G H, Xing K Y, Cao F. Discrete differential evolution algorithm for distributed blocking flowshop scheduling with makespan criterion[J]. Engineering Applications of Artificial Intelligence, 2018, 76: 96-107.

[25] 雷德明, 苏斌. 基于多班教学优化的多目标分布式混合流水车间调度[J]. 控制与决策, 2021, 36(2): 303-313.

[26] Potts C N, Sevast'janov S V, Strusevich V A, et al. The two-stage assembly scheduling problem: Complexity and approximation[J]. Operations Research, 1995, 43(2): 346-355.

[27] Yokoyama M. Flow-shop scheduling with setup and assembly operations[J]. European Journal of Operational Research, 2008, 187(3): 1184-1195.

[28] Fattahi P, Hosseini S M H, Jolai F, et al. A branch and bound algorithm for hybrid flow shop scheduling problem with setup time and assembly operations[J]. Applied Mathematical Modelling, 2014, 38(1): 119-134.

[29] Yokoyama M. Hybrid flow-shop scheduling with assembly operations[J]. International Journal of Production Economics, 2001, 73(2): 103-116.

[30] Lei D M, Zheng Y L. Hybrid flow shop scheduling with assembly operations and key objectives: A novel neighborhood search[J]. Applied Soft Computing, 2017, 61: 122-128.

[31] Sukkerd W, Wuttipornpun T. Hybrid genetic algorithm and tabu search for finite capacity material requirement planning system in flexible flow shop with assembly operations[J]. Computers & Industrial Engineering, 2016, 97: 157-169.

[32] 李子辉, 钱斌, 方德斌, 等. 求解一类柔性装配流水车间调度问题的混合分布估计算法[J]. 管理工程学报, 2017, 31(4): 200-208.

[33] Koulamas C, Kyparisis G J. A note on the two-stage assembly flow shop scheduling problem with uniform parallel machines[J]. European Journal of Operational Research, 2007, 182(2): 945-951.

[34] Basir S A, Mazdeh M M, Namakshenas M. Bi-level genetic algorithms for a two-stage assembly flow-shop scheduling problem with batch delivery system[J]. Computers & Industrial Engineering, 2018, 126: 217-231.

[35] Komaki G M, Kayvanfar V. Grey Wolf Optimizer algorithm for the two-stage assembly flow shop scheduling problem with release time[J]. Journal of Computational Science, 2015, 8: 109-120.

[36] Navaei J, Ghomi S M T F, Jolai F, et al. Heuristics for an assembly flow-shop with non-identical

assembly machines and sequence dependent setup times to minimize sum of holding and delay costs[J]. Computers & Operations Research, 2014, 44: 52-65.

[37] Sabouni M T Y, Logendran R. Lower bound development in a flow shop electronic assembly problem with carryover sequence-dependent setup time[J]. Computers & Industrial Engineering, 2018, 122: 149-160.

[38] Kazemi H, Mazdeh M M, Rostami M. The two stage assembly flow-shop scheduling problem with batching and delivery[J]. Engineering Applications of Artificial Intelligence, 2017, 63: 98-107.

[39] Sheikh S, Komaki G M, Kayvanfar V. Multi objective two-stage assembly flow shop with release time[J]. Computers & Industrial Engineering, 2018, 124: 276-292.

[40] Yokoyama M, Santos D L. Three-stage flow-shop scheduling with assembly operations to minimize the weighted sum of product completion times[J]. European Journal of Operational Research, 2005, 161(3): 754-770.

[41] 马文琼, 王恺. 两阶段装配流水车间加工与配送协同调度研究[J]. 工业工程与管理, 2016, 21(6): 103-110, 117.

[42] 严洪森, 万晓琴, 熊福力. 基于 VNS-EM 混合算法的两阶段装配流水车间调度[J]. 东南大学学报(自然科学版), 2014, 44(6): 1285-1289.

[43] Sheikh S, Komaki G M, Kayvanfar V, et al. Multi-stage assembly flow shop with setup time and release time[J]. Operations Research Perspectives, 2019, 6: 100111.

[44] Wu C C, Chen J Y, Lin W C, et al. A two-stage three-machine assembly flow shop scheduling with learning consideration to minimize the flowtime by six hybrids of particle swarm optimization[J]. Swarm and Evolutionary Computation, 2018, 41: 97-110.

[45] Hatami S, Ruiz R, Andrés-Romano C. Heuristics and metaheuristics for the distributed assembly permutation flowshop scheduling problem with sequence dependent setup times[J]. International Journal of Production Economics, 2015, 169: 76-88.

[46] Hatami S, Ruiz R, Andrés-Romano C. The distributed assembly permutation flowshop scheduling problem[J]. International Journal of Production Research, 2013, 51(17): 5292-5308.

[47] Pan Q K, Gao L, Li X Y, et al. Effective constructive heuristics and meta-heuristics for the distributed assembly permutation flowshop scheduling problem[J]. Applied Soft Computing, 2019, 81: 105492.

[48] Huang Y Y, Pan Q K, Huang J P, et al. An improved iterated greedy algorithm for the distributed assembly permutation flowshop scheduling problem[J]. Computers & Industrial Engineering, 2021, 152: 107021.

[49] Wang S Y, Wang L. An estimation of distribution algorithm-based memetic algorithm for the distributed assembly permutation flow-shop scheduling problem[J]. IEEE Transactions on

Systems, Man, and Cybernetics: Systems, 2016, 46(1): 139-149.

[50] Lin J, Zhang S. An effective hybrid biogeography-based optimization algorithm for the distributed assembly permutation flow-shop scheduling problem[J]. Computers & Industrial Engineering, 2016, 97: 128-136.

[51] Lin J, Wang Z J, Li X D. A backtracking search hyper-heuristic for the distributed assembly flow-shop scheduling problem[J]. Swarm and Evolutionary Computation, 2017, 36: 124-135.

[52] Zhang X, Li X T, Yin M H. An enhanced genetic algorithm for the distributed assembly permutation flowshop scheduling problem[J]. International Journal of Bio-Inspired Computation, 2020, 15(2): 113.

[53] Zhang Z Q, Qian B, Hu R, et al. A matrix-cube-based estimation of distribution algorithm for the distributed assembly permutation flow-shop scheduling problem[J]. Swarm and Evolutionary Computation, 2021, 60: 100785.

[54] 黄佳琳, 张丫丫, 顾幸生. 基于改进生物地理学优化算法的分布式装配置换流水车间调度问题[J]. 华东理工大学学报(自然科学版), 2020, 46(6): 758-769.

[55] Sang H Y, Pan Q K, Li J Q, et al. Effective invasive weed optimization algorithms for distributed assembly permutation flowshop problem with total flowtime criterion[J]. Swarm and Evolutionary Computation, 2019, 44: 64-73.

[56] Song H B, Lin J. A genetic programming hyper-heuristic for the distributed assembly permutation flow-shop scheduling problem with sequence dependent setup times[J]. Swarm and Evolutionary Computation, 2021, 60: 100807.

[57] 余明哲, 钱斌, 胡蓉, 等. 混合交叉熵算法求解模糊分布式装配流水线低碳调度问题[J]. 控制理论与应用, 2020, 37(10): 2081-2092.

[58] Gonzalez-Neira E M, Ferone D, Hatami S, et al. A biased-randomized simheuristic for the distributed assembly permutation flowshop problem with stochastic processing times[J]. Simulation Modelling Practice and Theory, 2017, 79: 23-36.

[59] Marandi F, Ghomi S M T F. Network configuration multi-factory scheduling with batch delivery: A learning-oriented simulated annealing approach[J]. Computers & Industrial Engineering, 2019, 132: 293-310.

[60] Wang S J, Wu R C, Chu F, et al. Variable neighborhood search-based methods for integrated hybrid flow shop scheduling with distribution[J]. Soft Computing, 2020, 24(12): 8917-8936.

[61] Yin Y Q, Wang Y, Cheng T C E, et al. Two-agent single-machine scheduling to minimize the batch delivery cost[J]. Computers & Industrial Engineering, 2016, 92: 16-30.

[62] Qi X L, Yuan J J. A further study on two-agent scheduling on an unbounded serial-batch machine with batch delivery cost[J]. Computers & Industrial Engineering, 2017, 111: 458-462.

[63] Noroozi A, Mazdeh M M, Heydari M, et al. Coordinating order acceptance and integrated

production-distribution scheduling with batch delivery considering third party logistics distribution[J]. Journal of Manufacturing Systems, 2018, 46: 29-45.

[64] 石建力, 张锦. 行驶时间和服务时间随机的集配货一体的分批配送车辆路径优化[J]. 控制与决策, 2018, 33(4): 657-670.

[65] Kong L L, Li H, Luo H B, et al. Sustainable performance of just-in-time(JIT) management in time-dependent batch delivery scheduling of precast construction[J]. Journal of Cleaner Production, 2018, 193: 684-701.

[66] Agnetis A, Aloulou M A, Fu L L. Production and interplant batch delivery scheduling: Dominance and cooperation[J]. International Journal of Production Economics, 2016, 182: 38-49.

[67] Wang K, Luo H, Liu F, et al. Permutation flow shop scheduling with batch delivery to multiple customers in supply chains[J]. IEEE Transactions on Systems, Man, and Cybernetics: Systems, 2017, 48(10): 1826-1837.

[68] 彭温馨. B2C 配送中心订单分批-配送路径联合调度问题研究[D]. 武汉: 武汉理工大学, 2018.

[69] 马士华, 文坚. 基于时间延迟的订单分批策略研究[J]. 工业工程与管理, 2004, 9(6): 1-4.

[70] 彭剑. 分批运输的农产品基地-工厂供应链调度算法[J]. 控制工程, 2016, 23(6): 949-955.

[71] 杜苗苗. 基于应急物资分类-分批配送的应急车辆路径研究[D]. 北京: 北京交通大学, 2014.

[72] Hurink J, Knust S. A tabu search algorithm for scheduling a single robot in a job-shop environment[J]. Discrete Applied Mathematics, 2002, 119(1/2): 181-203.

[73] Hurink J, Knust S. Tabu search algorithms for job-shop problems with a single transport robot[J]. European Journal of Operational Research, 2005, 162(1): 99-111.

[74] Fang Y L, Ming H, Li M Q, et al. Multi-objective evolutionary simulated annealing optimisation for mixed-model multi-roboticdisassembly line balancing with interval processing time[J]. International Journal of Production Research, 2019, 58(3): 846-862.

[75] Nouri H E, Driss O B, Ghédira K. Hybrid metaheuristics for scheduling of machines and transport robots in job shop environment[J]. Applied Intelligence, 2016, 45(3): 808-828.

[76] Arviv K, Stern H, Edan Y. Collaborative reinforcement learning for a two-robot job transfer flow-shop scheduling problem[J]. International Journal of Production Research, 2016, 54(4): 1196-1209.

[77] Che A, Chu C B. Multi-degree cyclic scheduling of two robots in a no-wait flowshop[J]. IEEE Transactions on Automation Science and Engineering, 2005, 2(2): 173-183.

[78] Che A, Chabrol M, Gourgand M, et al. Scheduling multiple robots in a no-wait re-entrant robotic flowshop[J]. International Journal of Production Economics, 2012, 135(1): 199-208.

[79] Gultekin H, Coban B, Akhlaghi V E. Cyclic scheduling of parts and robot moves in m-machine

robotic cells[J]. Computers & Operations Research, 2018, 90: 161-172.

[80] Che A, Kats V, Levner E. An efficient bicriteria algorithm for stable robotic flow shop scheduling[J]. European Journal of Operational Research, 2017, 260(3): 964-971.

[81] Zabihzadeh S S, Rezaeian J. Two meta-heuristic algorithms for flexible flow shop scheduling problem with robotic transportation and release time[J]. Applied Soft Computing, 2016, 40: 319-330.

[82] Elmi A, Topaloglu S. Multi-degree cyclic flow shop robotic cell scheduling problem with multiple robots[J]. International Journal of Computer Integrated Manufacturing, 2017, 30(8): 805-821.

[83] Elmi A, Topaloglu S. Scheduling multiple parts in hybrid flow shop robotic cells served by a single robot[J]. International Journal of Computer Integrated Manufacturing, 2014, 27(12): 1144-1159.

[84] Ahmadi R, Bagchi U, Roemer T A. Coordinated scheduling of customer orders for quick response[J]. Naval Research Logistics(NRL), 2005, 52(6): 493-512.

[85] 何小妹, 董绍华. 多目标多约束混合流水车间插单重调度问题研究[J]. 工程科学学报, 2019, 41(11): 1450-1457.

[86] Leung J Y T, Li H B, Pinedo M. Order scheduling in an environment with dedicated resources in parallel[J]. Journal of Scheduling, 2005, 8(5): 355-386.

[87] Blocher J D, Chhajed D. The customer order lead-time problem on parallel machines[J]. Naval Research Logistics(NRL), 1996, 43(5): 629-654.

[88] Lee I S. Minimizing total tardiness for the order scheduling problem[J]. International Journal of Production Economics, 2013, 144(1): 128-134.

[89] Framinan J M, Perez-Gonzalez P. New approximate algorithms for the customer order scheduling problem with total completion time objective[J]. Computers & Operations Research, 2017, 78: 181-192.

[90] Meng T, Pan Q K, Wang L. A distributed permutation flowshop scheduling problem with the customer order constraint[J]. Knowledge-based Systems, 2019, 184: 104894.

[91] Ronconi D P. A note on constructive heuristics for the flowshop problem with blocking[J]. International Journal of Production Economics, 2004, 87(1): 39-48.

[92] Zhao F Q, Zhao L X, Wang L, et al. An ensemble discrete differential evolution for the distributed blocking flowshop scheduling with minimizing makespan criterion[J]. Expert Systems with Applications, 2020, 160: 113678.

[93] Lu C, Huang Y X, Meng L L, et al. A Pareto-based collaborative multi-objective optimization algorithm for energy-efficient scheduling of distributed permutation flow-shop with limited buffers[J]. Robotics and Computer-Integrated Manufacturing, 2022, 74: 102277.

[94] Miyata H H, Nagano M S. An iterated greedy algorithm for distributed blocking flow shop with setup times and maintenance operations to minimize makespan[J]. Computers & Industrial Engineering, 2022, 171: 108366.

[95] Wang W J, Zhou X S, Tian G D, et al. Multi-objective low-carbon hybrid flow shop scheduling via an improved teaching-learning-based optimization algorithm[J]. Scientia Iranica, 2022, 10.24200/SCI,2022.58317.5665.

[96] Ribas I, Companys R, Tort-Martorell X. An iterated greedy algorithm for solving the total tardiness parallel blocking flow shop scheduling problem[J]. Expert Systems with Applications, 2019, 121: 347-361.

[97] Zhao F Q, Ma R, Wang L. A self-learning discrete Jaya algorithm for multiobjective energy-efficient distributed no-idle flow-shop scheduling problem in heterogeneous factory system[J]. IEEE Transactions on Cybernetics, 2022, 52(12): 12675-12686.

[98] Cai J C, Zhou R, Lei D M. Dynamic shuffled frog-leaping algorithm for distributed hybrid flow shop scheduling with multiprocessor tasks[J]. Engineering Applications of Artificial Intelligence, 2020, 90: 103540.

[99] Ribas I, Companys R, Tort-Martorell X. An iterated greedy algorithm for the parallel blocking flow shop scheduling problem and sequence-dependent setup times[J]. Expert Systems with Applications, 2021, 184: 115535.

[100] Zhao F Q, Zhang H, Wang L, et al. A multi-objective discrete differential evolution algorithm for energy-efficient distributed blocking flow shop scheduling problem[J]. International Journal of Production Research, 2024, 62(12): 4226-4244.

[101] 张其亮，陈永生. 有效的混合粒子群算法求解阻塞流水车间调度问题[J]. 计算机集成制造系统, 2012, 18(12): 2689-2695.

[102] Gong H, Tang L X, Duin C W. A two-stage flow shop scheduling problem on a batching machine and a discrete machine with blocking and shared setup times[J]. Computers & Operations Research, 2010, 37(5): 960-969.

[103] Han Y Y, Li J Q, Sang H Y, et al. Discrete evolutionary multi-objective optimization for energy-efficient blocking flow shop scheduling with setup time[J]. Applied Soft Computing, 2020, 93: 106343.

[104] 李聪波，沈欢，李玲玲，等. 面向能耗的多工艺路线柔性作业车间分批优化调度模型[J]. 机械工程学报, 2017, 53(5): 12-23.

[105] Yüksel D, Taşgetiren M F, Kandiller L, et al. An energy-efficient bi-objective no-wait permutation flowshop scheduling problem to minimize total tardiness and total energy consumption[J]. Computers & Industrial Engineering, 2020, 145: 106431.

[106] Wang J J, Wang L. A knowledge-based cooperative algorithm for energy-efficient scheduling

of distributed flow-shop[J]. IEEE Transactions on Systems, Man, and Cybernetics: Systems, 2020, 50(5): 1805-1819.

[107] He X, Pan Q K, Gao L, et al. A greedy cooperative co-evolutionary algorithm with problem-specific knowledge for multiobjective flowshop group scheduling problems[J]. IEEE Transactions on Evolutionary Computation, 2023, 27(3): 430-444.

[108] Öztop H, Tasgetiren M F, Kandiller L, et al. Ensemble of metaheuristics for energy-efficient hybrid flowshops: Makespan versus total energy consumption[J]. Swarm and Evolutionary Computation, 2020, 54: 100660.

[109] Kyparisis G J, Koulamas C. Flexible flow shop scheduling with uniform parallel machines[J]. European Journal of Operational Research, 2006, 168(3): 985-997.

[110] Yan J H, Li L, Zhao F, et al. A multi-level optimization approach for energy-efficient flexible flow shop scheduling[J]. Journal of Cleaner Production, 2016, 137: 1543-1552.

[111] Wang J H, Ren W B, Zhang Z Z, et al. A hybrid multiobjective memetic algorithm for multiobjective periodic vehicle routing problem with time windows[J]. IEEE Transactions on Systems, Man, and Cybernetics: Systems, 2020, 50(11): 4732-4745.

第 2 章　几类分布式流水车间调度问题建模

分布式置换流水车间调度问题(distributed permutation flow shop scheduling problem, DPFSP)是近年来研究的一个典型的优化问题。在 DPFSP 中，需要完成两个任务，即确定工厂的工件分配和工件的调度顺序。本章针对基本流水车间调度、分布式置换流水车间调度、带装配阶段的分布式流水车间调度、带分批交付约束的分布式流水车间调度、带阻塞约束和恶化时间约束的分布式流水车间调度、带机器人约束的分布式流水车间调度、带阻塞约束和装配阶段的分布式流水车间调度、带延展性序列相关切换时间和工件分组的分布式阻塞流水车间调度等问题开展了分析、建模等研究。

本书建立模型所需的参数和变量如下所示：

n　工件数量

m　机器数量

MA　装配机器

F　工厂数量

g　组的数量

H　产品数量

e　给料机数量

K　客户数量

c　元件数量

s　加工速度类型数量

M　极大数

j, k　工件索引

i　机器索引

f　工厂索引

r', h　组索引

q, r　产品索引

q'　给料机索引

l　元件类型索引

v　加工速度索引

s', s''　工件在序列中的位置，$s', s'' \in \{1,2,\cdots,n\}$

$O_{j,i}$　工件 J_j 的第 M_i 道工序

$t_{j,i}$　$O_{j,i}$ 的标准加工时间

$p_{j,i}$　$O_{j,i}$ 的实际加工时间

$C_{j,i,f}$　工件 J_j 在工厂 F_f 中机器 M_i 上的完工时间

$C_{\max}$　整个调度的最大完工时间

C_f　工厂 F_f 的完工时间

pt_q　产品 P_q 的标准装配时间

pp_q　产品 P_q 的实际装配时间

$L_{j,i}$　机器人装载机器 M_i 中工件 J_j 的时间

$U_{j,i}$　机器人卸载机器 M_i 中工件 J_j 的时间

$D_{s',i}$　s' 位置的工件离开机器 M_i 的时间

$S_{h,i}$　组 G_h 在机器 M_i 上的延展性序列相关切换时间（carryover sequence-dependent setup time, CSDST）

$\mathrm{AST}_{q'}$　单一给料机 $Q_{q'}$ 的平均切换时间

PEC　processing energy consumption，总的加工能耗

SEC　standy energy consumption，总的待机能耗

TEC　total energy consumption，PEC 和 SEC 之和

$\mathrm{PP}_{i,v}$　机器 M_i 以速度 V_v 加工工件时的单位加工能耗

SP_i　机器 M_i 的单位待机能耗

CA_q　产品 P_q 的完工时间

SPP　装配机器的待机能耗

2.1　置换流水车间调度问题

在置换流水车间调度问题（permutation flow shop scheduling problem, PFSP）中，有 n 个互不相关的工件需要在 m 台机器上加工，每个工件需要按照相同的顺序依次在每台机器上加工。因此，每个工件 $J_j\ (j=1,2,\cdots,n)$ 有 m 个工序。工件在机器上的加工时间是已知、非负和确定的。

PFSP 常用假设条件如下：

(1) 所有作业都是独立的，可以在时间 0 进行加工。

(2) 机器持续可用（无故障）。

(3) 每台机器同一时刻只能加工一个工件。

(4) 每个工件同一时刻只能在一台机器上加工。

(5) 工件在一台机器上开始加工后，不允许中断，直到在当前机器上完工。

(6) 工件准备时间忽略，或者包含在工件加工时间之内。

(7) 工件在加工过程中有足够的缓冲区。

PFSP 的目标是找到一个最优的工件排列，以最优化包括最大完工时间、流经时间、能耗等在内的指标。考虑含有 n 个工件 m 台机器的 PFSP，解空间的大小为 $(n!)^m$。然而，PFSP 一般假设只有一个加工中心或者工厂，所有工件必须在一个指定工厂加工。随着经济的全球化，单个工厂加工生产的现象越来越少，多工厂分布式加工已经成为生产现实。

2.2 分布式置换流水车间调度问题

DPFSP 可以描述为：有 n 个互不相关的工件需要在 F 个工厂加工，每个工厂由 m 台并行机器组成，所有工件可以选择在任意工厂加工，$p_{j,i}$ 表示工件 J_j 在机器 M_i 上的实际加工时间。在 PFSP 基础上，DPFSP 增加了如下假设条件：

(1) 一旦工件选择在一个工厂加工，该工件必须在分配的工厂完成其所有工序。

(2) 工件在任意工厂加工的时间是同构的，即 $p_{j,i}$ 可表示工件 J_i 在所有工厂的机器 M_i 上的加工时间。

按照调度问题三元组，分布式置换流水车间问题可以表示为 DF/prmu/ $C_{\max}$，其中，prmu 是 permutation 的简写。考虑 n 个工件、F 个分布式工厂、m 台机器的 DPFSP，由于 n 个工件需要分配到 F 个分布式工厂，假设工厂 F_f 分配到了 f_f 个工件，即工厂分配工件的组合为 $\{f_1, f_2, \cdots, f_F\}$。则对于第一个工厂，分配工件的可能方案数量为 $\binom{n}{f_1}$。对于第一个工厂的每一种分配方案，可能的加工顺序组合数量为 $(f_1!)^m$。因而，对于 F 个工厂，可能的组合数量计算如下：

$$\binom{n}{f_1}(f_1!)^m \times \binom{n-f}{f_2}(f_2!)^m \times \cdots \times \binom{n-\sum_{f=1}^{F-1} f_f}{f_F}(f_F!)^m \tag{2-1}$$

综上，DPFSP 解空间可能的排列组合数量为 $\binom{n+F-1}{F-1}(n!)^m$。例如，对于 n=5、F=3、m=3 的小规模 DPFSP，可能的组合数量为 $\binom{7}{2}(5!)^3 \approx 3.6\times10^7$。由此可见，

DPFSP 空间组合数量大大超过了单工厂 PFSP 的问题规模。

2.2.1　模型 1

工件 J_j 在工件 J_k 之后加工，且工件 J_k 和 J_j 之间没有其他加工工件，则称工件 J_k 是工件 J_j 的紧前工件。相应地，工件 J_j 是工件 J_k 的紧后工件。模型 1 为基于顺序的 DPFSP 模型。在基于顺序的 DPFSP 模型中，通过引入二进制变量来定义工件加工的相对位置，通过引入虚拟工件 0 记录第一个工件的紧前工件。

1) 参数和变量

$X_{k,j,f}$　二进制变量。如果工件 J_j 和 J_k 在工厂 F_f 加工，且工件 J_j 是 J_k 的紧后工件，则 $X_{k,j,f}=1$；否则为 0

$Y_{j,f}$　二进制变量。如果工件 J_j 在工厂 F_f 加工，则 $Y_{j,f}=1$；否则为 0

$C_{j,i}$　连续变量。工序 $O_{j,i}$ 的完工时间

2) 模型

目标：

$$\text{obj}(1)=\min C_{\max} \tag{2-2}$$

约束条件：

$$\sum_{k=0,k\neq j}^{n}\sum_{f=1}^{F}X_{k,j,f}=1,\quad \forall j \tag{2-3}$$

$$\sum_{f=1}^{F}Y_{j,f}=1,\quad \forall j \tag{2-4}$$

$$\sum_{k=1,k\neq j}^{n}(X_{k,j,f}+X_{j,k,f})\leqslant 2Y_{j,f},\quad \forall j,f \tag{2-5}$$

$$\sum_{j=1,k\neq j}^{n}\sum_{f=1}^{F}X_{k,j,f}\leqslant 1,\quad \forall k\in\{1,2,\cdots,n\} \tag{2-6}$$

$$\sum_{j=1}^{n}X_{0,j,f}=1,\quad \forall f \tag{2-7}$$

$$\sum_{f=1}^{F}(X_{k,j,f}+X_{j,k,f})\leqslant 1,\quad \forall k\in\{1,2,\cdots,n-1\},\ j>k \tag{2-8}$$

$$C_{j,i}\geqslant C_{j,i-1}+p_{j,i},\quad \forall j,\ i>1 \tag{2-9}$$

$$C_{j,i} \geqslant C_{k,i} + p_{j,i} + M\left(\left(\sum_{f=1}^{F} X_{k,j,f}\right) - 1\right), \quad \forall k \in \{1,2,\cdots,n\}, j,i, \ j \neq k \tag{2-10}$$

$$C_{\max} \geqslant C_{j,m}, \quad \forall j \tag{2-11}$$

$$C_{j,i} \geqslant 0, \quad \forall j,i \tag{2-12}$$

$$X_{k,j,f} \in \{0,1\}, \quad \forall k,j,i, \ j \neq k \tag{2-13}$$

$$Y_{j,f} \in \{0,1\}, \quad \forall j,f \tag{2-14}$$

约束(2-3)确保每个工件只能选择一个工厂，且只能选择该工厂内唯一的加工位置。约束(2-4)确保每个工件必须选择一个工厂进行加工。约束(2-5)和约束(2-6)限定了每个工件只能有一个紧前工件或紧后工件。约束(2-7)确保虚拟工件“0”只有一个紧后工件。约束(2-8)确保紧前工件和紧后工件的唯一性。约束(2-9)确保不会出现同一工件不同工序之间加工时间上的重叠。约束(2-10)确保不会出现同一机器上不同工件之间加工时间上的重叠。约束(2-11)用来计算最大完工时间，最大完工时间就是最后一个工件的完工时间。约束(2-12)～约束(2-14)限定了变量的取值范围。

分析可见，模型 1 中二进制变量有 n^2F 个，连续变量有 nm 个，约束数量达到 $4n + F + nF + n^2m + \dfrac{n(n-1)}{2}$ 个。

2.2.2 模型 2

在经典 PFSP 中，Wagner 模型是一种性能较好的基于位置的建模方法，模型 2 是一个基于 Wagner 的改进型 DPFSP 模型。

1)参数和变量

$I_{i,s',f}$　连续变量。表示在工厂 F_f 中机器 M_i 上加工位置 s' 的完工与加工位置 $s'+1$ 的开工之间的空闲时间，其中 $s'<n$

$W_{i,s',f}$　连续变量。表示在工厂 F_f 中 s' 位置加工的工件，在完成其第 i 道工序后，加工下一道工序的等待时间，其中 $i<m$

$X_{j,s',f}$　二进制变量。如果工件 J_j 在工厂 F_f 的位置 s' 加工，则 $X_{j,s',f}=1$；否则为 0

C_f　工厂 F_f 的完工时间

2)模型

目标：

$$\mathrm{obj}(2)=\min C_{\max} \tag{2-15}$$

约束条件：

$$\sum_{s'=1}^{n}\sum_{f=1}^{F}X_{j,s',f}=1,\quad \forall j \tag{2-16}$$

$$\sum_{j=1}^{n}\sum_{f=1}^{F}X_{j,s',f}=1,\quad \forall s' \tag{2-17}$$

$$\begin{aligned}&I_{i,s',f}+\sum_{j=1}^{n}X_{j,s'+1,f}p_{j,i}+W_{i,s'+1,f}-W_{i,s',f}\\&-\sum_{j=1}^{n}X_{j,s',f}p_{j,i+1}-I_{i+1,s',f}=0,\quad \forall s'<n,\ i<m,\ f\end{aligned} \tag{2-18}$$

$$C_f=\sum_{i=1}^{m-1}\sum_{j=1}^{n}X_{j,1,f}p_{j,i}+\sum_{s'=1}^{n-1}I_{i,s',f}+\sum_{j=1}^{n}\sum_{s'=1}^{n}X_{j,s',f}p_{j,m},\quad \forall f \tag{2-19}$$

$$C_{\max}\geqslant C_f,\quad \forall f \tag{2-20}$$

$$I_{i,s',f}\geqslant 0,\quad \forall i,\ s'<n,\ f \tag{2-21}$$

$$W_{i,s',f}\geqslant 0,\quad \forall i<m,\ s',f \tag{2-22}$$

$$X_{j,s',f}\in\{0,1\},\quad \forall s',j,f \tag{2-23}$$

$$I_{1,s',f}=0,\quad \forall s'<n,\ f \tag{2-24}$$

$$W_{i,1,f}=0,\quad \forall i<m,\ f \tag{2-25}$$

约束(2-16)确保每个工件只能选择一个工厂，且只能选择工厂内一个位置进行加工。约束(2-17)确保所有 nF 个可能的位置中，必须选择其中的 n 个。约束(2-18)确保每个工件后序工序必须等前序工序完工后才开工，即同一个工件的工序之间不允许加工重叠，同时确保同一机器上工件之间加工时间不允许重叠。约束(2-19)计算每个工厂的最大完工时间。约束(2-20)计算最大完工时间。约束(2-21)～约束(2-25)限定了变量的取值范围。

分析可见，模型 2 中二进制变量有 n^2F 个，连续变量有 $F(1+2nm-n-m)$个，约束数量达到 $2n+(n-1)(m-1)F+2F$ 个。

2.2.3 模型 3

模型 3 为基于位置的 DPFSP 模型。模型 3 与模型 2 一样，都是基于位置的，但试图减少连续变量的数量。模型 3 使用了类似于模型 1 的约束(约束(2-11)和约束(2-12))，改变了 $C_{j,i}$ 的定义，即 $C_{s',i,f}$ 表示在工厂 F_f 中机器 M_i 上 s' 位置的工件完工时间的连续变量。

约束条件：

$$C_{s',i,f} \geqslant C_{s',i-1,f} + \sum_{j=1}^{n} X_{j,s',f} p_{j,i}, \quad \forall s',i,f \tag{2-26}$$

$$C_{s',i,f} \geqslant C_{s'-1,i,f} + \sum_{j=1}^{n} X_{j,s',f} p_{j,i}, \quad \forall s' > 1,\ i,f \tag{2-27}$$

$$C_{\max} \geqslant C_{s',m,f}, \quad \forall s',f \tag{2-28}$$

$$C_{s',i,f} \geqslant 0, \quad \forall s',i,f \tag{2-29}$$

注意 $C_{s',0,f} = 0$。约束(2-26)确保在每台机器上加工工厂 F_f 位置 s' 的工件只有等该工件在前一台机器上处理完成后才能开始加工。约束(2-27)确保每个工件只能在同一工厂分配给同一台机器的前一个工件完成后才能开始。约束(2-28)用于计算最大完工时间。约束(2-29)确保完工时间是正数。模型 3 具有与模型 2 相同的变量数量，但具有更少的约束数量。分析可见，模型 3 的约束数量为 $2n+(2nm-m+n)F$ 个。

2.2.4 模型 4

模型 4 为基于顺序的 DPFSP 模型。

1) 参数和变量

$X_{j,s'}$　二进制变量。如果工件 J_j 占据位置 s'，则 $X_{j,s'}=1$；否则为 0

$Y_{s',f}$　二进制变量。如果位置 s' 中的工件在工厂 F_f 中处理，则 $Y_{s',f}=1$；否则为 0

$C_{s',i}$　连续变量。位置 s' 上的工件在机器 M_i 上的完工时间

2) 模型

目标：

$$\text{obj}(4) = \min C_{\max} \tag{2-30}$$

约束条件：

$$\sum_{s'=1}^{n} X_{j,s'} = 1, \quad \forall j \tag{2-31}$$

$$\sum_{j=1}^{n} X_{j,s'} = 1, \quad \forall s' \tag{2-32}$$

$$\sum_{f=1}^{F} Y_{s',f} = 1, \quad \forall s' \tag{2-33}$$

$$C_{s',i} \geqslant C_{s',i-1} + \sum_{j=1}^{n} X_{j,s'} p_{j,i}, \quad \forall s',\ i > 1 \tag{2-34}$$

$$C_{s',i} \geqslant C_{s'',i} + \sum_{j=1}^{n} X_{j,s'} p_{j,i} - M(1 - Y_{s',f}) - M(1 - Y_{s'',f}), \quad \forall s'' < s',\ i, f \tag{2-35}$$

$$C_{\max} \geqslant C_{s',m}, \quad \forall s' \tag{2-36}$$

$$C_{s',i} \geqslant 0, \quad \forall s', i \tag{2-37}$$

$$X_{j,s'} \in \{0,1\}, \quad \forall j, s' \tag{2-38}$$

$$Y_{s',f} \in \{0,1\}, \quad \forall s', f \tag{2-39}$$

约束(2-31)确保每个工件只能在一个位置加工。约束(2-32)确保每个位置必须精确分配一次。约束(2-33)确保每个作业必须选择一个工厂进行加工。约束(2-34)确保每台机器上工厂 F_f 的位置 s' 处工件的处理只能在前一台机器上的相同作业处理完成后才开始，即同一个工件的工序之间不允许加工重叠。约束(2-35)确保每个作业只能在分配给同一工厂同一台机器的紧前工件完成后才开始，即相同机器上工件之间加工时间不允许重叠。约束(2-36)用来计算最大完工时间。约束(2-37)～约束(2-39)限定决策变量的取值范围。

分析可见，模型 4 中二进制变量有 $n^2 + nF$ 个，连续变量有 nm 个，约束数量达到 $4n + nm + n(n-1)mF/2$ 个。

2.2.5　模型 5

模型 5 为基于最小序列的 DPFSP 模型。

1) 参数和变量

$X_{k,j}$　二进制变量。如果工件 J_j 在工件 J_k 之后立即加工，则 $X_{k,j} = 1$；否则

为 0

2）模型

目标：

$$\text{obj}(5) = \min C_{\max} \tag{2-40}$$

约束条件：

$$\sum_{k=0,k\neq j}^{n} X_{k,j} = 1, \quad \forall j \tag{2-41}$$

$$\sum_{j=0,k\neq j}^{n} X_{k,j} \leqslant 1, \quad \forall k \tag{2-42}$$

$$\sum_{j=1}^{n} X_{0,j} = F \tag{2-43}$$

$$\sum_{k=1}^{n} X_{k,0} = F - 1 \tag{2-44}$$

$$X_{k,j} + X_{j,k} \leqslant 1, \quad \forall k \in \{1,2,\cdots,n-1\}, j > k \tag{2-45}$$

$$C_{j,i,f} \geqslant C_{j,i-1,f} + p_{j,i}, \quad \forall j,i \tag{2-46}$$

$$C_{j,i,f} \geqslant C_{k,i,f} + p_{j,i} + (X_{k,j} - 1)M, \quad \forall j,k,i,f,\ k \neq j \tag{2-47}$$

$$X_{k,j} \in \{0,1\}, \quad \forall k,j \tag{2-48}$$

$$C_{\max} \geqslant C_{j,i}, \quad \forall j,i \tag{2-49}$$

$$C_{j,i} \geqslant 0, \quad \forall j,i \tag{2-50}$$

约束（2-41）确保每个工件只能有一个紧前工件。约束（2-42）确保每个工件至多有一个紧后工件。约束（2-43）确保以虚拟工件 0 作为紧前工件的决策变量出现 F 次。约束（2-44）确保以虚拟工件 0 作为紧后工件的决策变量出现 F–1 次。约束（2-45）确保紧前工件和紧后工件的唯一性。约束（2-46）确保每个工件后序工序必须等前序工序完成后才开工，即同一个工件的工序之间不允许加工重叠。约束（2-47）确保相同机器上工件之间加工时间不允许重叠。约束（2-48）～约束（2-50）限定了决策变量的取值范围。

2.2.6　模型 6

模型 6 为基于 Manne 模型设计的 DPFSP 模型。

1) 参数和变量

$Y_{j,f}$　二进制变量。如果工件 J_j 在工厂 F_f 加工，则 $Y_{j,f}=1$；否则为 0

$X_{k,j}$　二进制变量。如果工件 J_j 在工件 J_k 之后加工则 $X_{k,j}=1$；否则为 0

2) 模型

目标：

$$\mathrm{obj}(6)=\min C_{\max} \tag{2-51}$$

约束条件：

$$\sum_{f=1}^{F} Y_{j,f}=1,\quad \forall j \tag{2-52}$$

$$C_{j,i}\geqslant C_{j,i-1}+p_{j,i},\quad \forall j,\ i>1 \tag{2-53}$$

$$C_{\max}\geqslant C_{j,m},\quad \forall j \tag{2-54}$$

$$C_{j,i}\geqslant 0,\quad \forall j,i \tag{2-55}$$

$$Y_{j,f}\in\{0,1\},\quad \forall j,f \tag{2-56}$$

$$\begin{gathered}C_{k,i}\geqslant C_{j,i}+p_{k,i}-MX_{k,j}-M(1-Y_{k,f})-M(1-Y_{j,f}),\\ \forall i,\ k\in\{1,2,\cdots,n-1\},\ j>k,\ f\end{gathered} \tag{2-57}$$

$$\begin{gathered}C_{j,i}\geqslant C_{k,i}+p_{j,i}-M(1-X_{k,j})-M(1-Y_{k,f})-M(1-Y_{j,f}),\\ \forall i,\ k\in\{1,2,\cdots,n-1\},\ j>k,\ f\end{gathered} \tag{2-58}$$

$$X_{k,j}\in\{0,1\},\quad \forall k\in\{1,2,\cdots,n-1\},\ j>k \tag{2-59}$$

约束(2-52)确保每个工件必须选择一个工厂进行加工。约束(2-53)确保同一工件不同工序之间加工时间不能重叠。约束(2-54)用来计算最大完工时间。约束(2-55)和约束(2-56)限定了变量的取值范围。约束(2-57)和约束(2-58)是与每个可能的作业对相关的二分法约束对。约束(2-59)定义了决策变量的取值范围。

分析可见，模型 6 中二进制变量有 $n(n-1)/2+nF$ 个，连续变量有 nm 个，约

束数量达到 $2n+nm+nmF(n-1)$ 个。

2.2.7　模型 7

模型 7 为基于分配工厂位置的 DPFSP 模型。

1）参数和变量

$C_{j,i,f}$　工件 J_i 在工厂 F_f 中机器 M_i 上的完工时间

$X_{j,f,s'}$　二进制变量。如果工件 J_j 选择在工厂 F_f 的位置 s' 加工，则 $X_{j,f,s'}=1$；否则为 0

2）模型

目标：

$$\text{obj}(7)=\min C_{\max} \tag{2-60}$$

约束条件：

$$\sum_{f=1}^{F}\sum_{s'=1}^{n} X_{j,f,s'}=1,\quad \forall j \tag{2-61}$$

$$\sum_{j=1}^{n} X_{j,f,s'}\leqslant 1,\quad \forall f,s' \tag{2-62}$$

$$C_{j,i,f}\geqslant C_{j,i-1,f}+p_{j,i}-M\left(1-\sum_{s'=1}^{n} X_{j,f,s'}\right),\quad \forall f,j,\ i>1 \tag{2-63}$$

$$C_{j,1,f}\geqslant p_{j,1}-M\left(1-\sum_{s'=1}^{n} X_{j,f,s'}\right),\quad \forall f,j \tag{2-64}$$

$$C_{j,i,f}\geqslant C_{j,k,f}+p_{j,i}-M\left(2-X_{j,f,s'}-\sum_{s'=1}^{n} X_{k,f,s'}\right),\quad \forall f,j,k,i,\ k\neq j,\ s'>1 \tag{2-65}$$

$$C_{\max}\geqslant C_{j,m,f},\quad \forall f,j \tag{2-66}$$

约束（2-61）确保每个工件只能选择一个工厂，且只能选择该工厂一个排列位置进行加工。约束（2-62）确保每个工厂的某个加工位置只能被一个工件占用，即最多只能有一个工件占用该加工位置。约束（2-63）确保每个工件后序工序必须等前序工序完成后才开工，即同一个工件的工序之间不允许加工重叠。约束（2-64）确保每个工件第一道工序的完工时间不小于其加工时间。约束（2-65）确保同一机器的先后工序之间不会重叠加工。约束（2-66）用于计算最大完工时间。

2.3　带起重机装配阶段的分布式流水车间调度问题

2.3.1　问题描述

带起重机装配阶段的分布式流水车间调度问题(distributed assembly flow shop scheduling problem with crane transportation, DAFSP-CT)是一类典型的实际约束问题，该类问题主要包括加工、装配和运输三个过程。其中，起重机用来将工件从加工工厂搬运到装配机上，如图 2-1 所示。

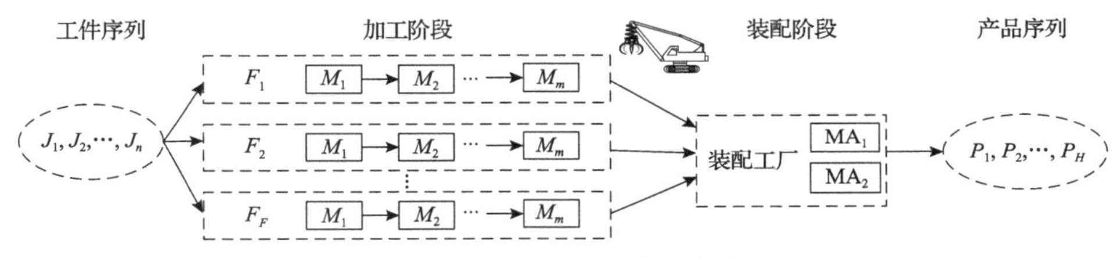

图 2-1　DAFSP-CT 的示意图

DAFSP-CT 包含的三项核心任务描述如下：①加工阶段。n 个工件 $\{J_1, J_2,\cdots,J_n\}$ 随机分配在 F 个工厂里加工，这里假设工厂加工过程是同构的，即每个工厂包含的机器数量和加工能力是相同的，机器集合为 $\{M_1,M_2,\cdots,M_m\}$。②加工阶段转装配阶段的运输过程。工件在第一个阶段加工完成后，需要转到装配阶段进行装配加工，上述过程需要起重机的参与，即工件的搬运过程由起重机完成。③在装配机上装配成产品。令 $\{P_1,P_2,\cdots,P_H\}$ 表示产品集合，产品 P_q 中包含一定数量的工件，这些工件需要成组装配形成可以交付的产品。以完工时间最短和能耗最低为目标的 DAFSP-CT 的基本假设条件如下：

(1) 每个工件只能分配到一个工厂加工，且加工过程中不允许更换工厂。

(2) 工件必须在当前分配的工厂内所有机器上加工完所有工序，且工件加工过程中先后工序之间不能出现加工重叠。

(3) 归属于同一产品的工件，必须全部加工完才能开始装配。

(4) 所有工件在加工完最后一道工序后，必须等待起重机搬运到装配机。

(5) 只有一台起重机，起重机的初始位置在装配机上。

(6) 起重机一次只能搬运一个工件，即起重机的搬运过程不允许工件重叠。

2.3.2　问题实例

表 2-1 给出了一个 DAFSP-CT 实例，该问题包含 5 个工件 $(J_1,J_2,\cdots,J_5)$、2 台机器 $(M_1$、$M_2)$ 和 2 个工厂 $(F_1$、$F_2)$，通过起重机和装配机器装配成 2 种产品

(P_1、P_2)。产品序列为 $\Pi=\{P_2,P_1\}$，其中 $\{J_3,J_1\}$ 属于 P_2，$\{J_4,J_2,J_5\}$ 属于 P_1。因此，工件加工序列为 $\{J_3,J_1,J_4,J_2,J_5\}$。

表 2-1　加工和装配时间表

产品	工件	加工时间/s		装配时间/s
		M_1	M_2	MA_1
P_2	J_3	5	6	10
	J_1	8	5	
P_1	J_4	2	10	7
	J_2	9	4	
	J_5	6	4	

在加工阶段，工件 J_3 第一个加工，假设其选择了工厂 F_1，工件 J_1 随后开始加工，此时需要在两个工厂之间做出选择：由于 F_2 尚未分配，其完工时间为 0s，F_1 的完工时间为 5s，因此，将工件 J_1 分配给工厂 F_2 更为合适。在考虑加工工件 J_4 时，工厂 F_1 的完工时间为 5s，工厂 F_2 的完工时间是 8s，因此 J_4 分配给工厂 F_1。其余工件的工厂分配和加工过程采用类似的方法。

在运输阶段，起重机首先在装配机上等待。假设工件 J_3 先加工完毕，工件 J_1 仍处于加工状态，则起重机先运输 J_3 去装配，然后回到 J_1 所在的工厂等待加工完成并开始运送。当归属于多个产品的工件同时完工时，需要先判断哪个工件属于该类产品的最后一个工件，起重机优先选择该工件；否则起重机随机选择一个工件。

图 2-2 给出了生成的一个解的甘特图。

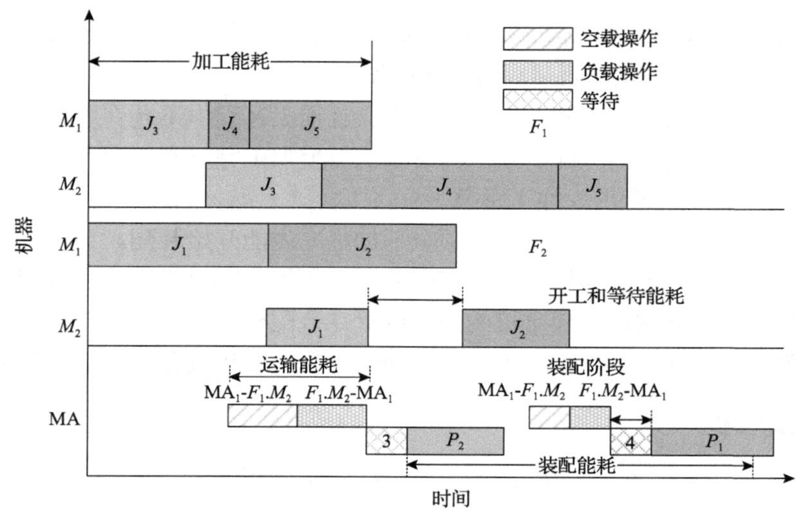

图 2-2　解的甘特图

2.4　带分批交付约束的分布式流水车间调度问题

2.4.1　问题描述

本节考虑另一种实际约束的分布式流水车间调度问题，即将 DFSP 和分批交付过程相结合的带分批交付约束的分布式流水车间调度问题(DFSP with batch delivery, DFSP-BD)，如图 2-3 所示。该类问题主要有以下两个步骤：①在加工阶段加工工件，即分配每一个工件到分布式工厂进行加工；②工件加工完毕后，多个工件形成产品并分批交付，根据不同的批次交付给订单客户。

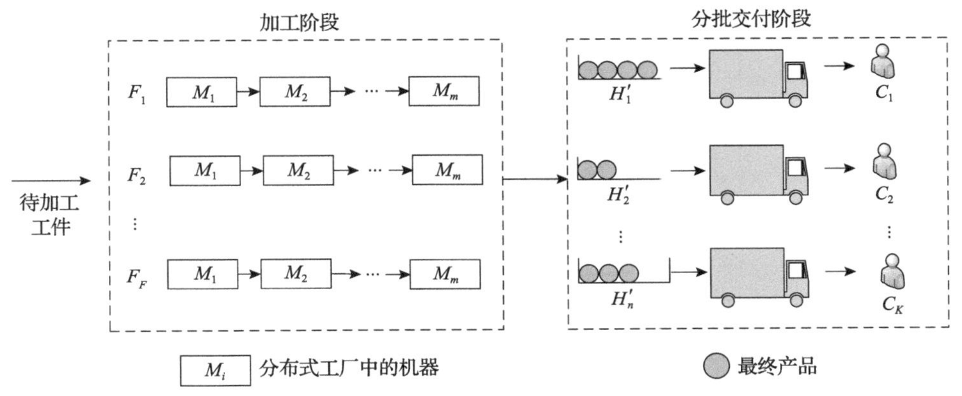

图 2-3　DFSP-BD 示意图

在加工阶段,首先,将一组工件 $J_1,J_2,\cdots,J_n$ 随机分配给 F 个工厂 $F_1,F_2,\cdots,F_F$，分配后不允许更改。然后，在分布式工厂中，工件在机器 $M_1,M_2,\cdots,M_m$ 上的加工顺序不变。

在分批交付阶段，根据每批产品完工时间的先后顺序，将产品分批交付给不同的客户。将产品的加工时间分成不同的批次，并计算运送时间安排交付顺序。

2.4.2　问题实例

表 2-2 给出了 DFSP-BD 的一个实例，其中有 7 个工件、2 个客户以及加工时间、分批交付时间。根据表 2-2 给出的数据，画出的甘特图如图 2-4 所示。在加工阶段，工件在机器上进行加工，相同表示方式的工件代表在同一工厂加工。在分批交付阶段，工件的不同颜色代表不同批次。每个工厂的第一个工件的设置时间为 0s。每个工件在同一个工厂的不同机器上按相同的加工顺序进行处理。

表 2-2 加工时间表

客户	工件	加工时间/s		分批交付时间/s
		M_1	M_2	
C_1	J_2	2	6	5
	J_1	4	6	
	J_7	3	5	4
	J_6	5	2	
C_2	J_4	5	3	6
	J_3	6	4	
	J_5	4	2	

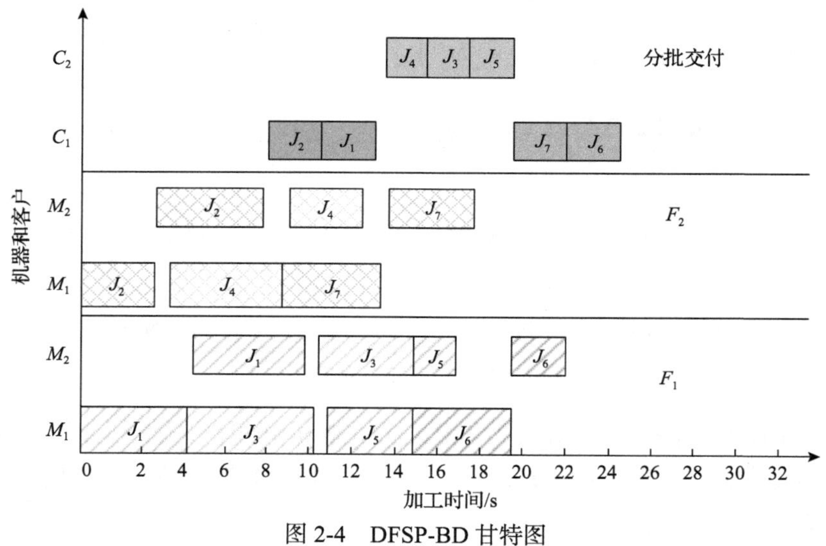

图 2-4 DFSP-BD 甘特图

2.5 带阻塞约束和恶化时间约束的分布式流水车间调度问题

2.5.1 带阻塞约束的分布式流水车间调度问题

如图 2-5 所示，流水车间中的阻塞约束是指一个工件在一台机器上加工完成后，不能立刻到下一台机器上加工，直到下一台机器空闲，流水生产线才能继续运行。1996 年，Hall 等[1]研究了带阻塞约束的调度问题，后来出现了通过元启发式方法解决阻塞约束调度问题的研究[2,3]。上述研究以最小化最大完工时间或最小化循环时间为求解目标。

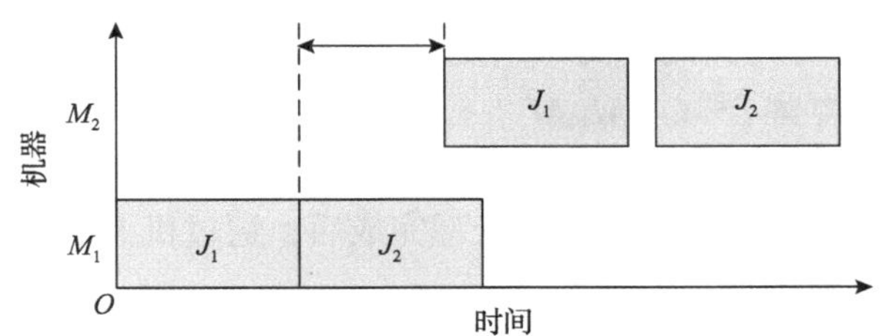

图 2-5　阻塞约束流水车间调度问题

针对考虑阻塞约束的分布式流水车间调度问题，主要有以下方法：①以最小化最大完工时间为优化目标，通过引入精英保留策略来改进离散差分进化算法[4]。②分布式装配置换流水车间调度问题(distributed assembly permutation flowshop scheduling problem, DAPFSP)中加入阻塞约束，该类问题的求解主要包括构造启发式和元启发式算法，还有改进的混合离散果蝇优化算法(hybrid enhanced discrete fruit fly optimization algorithm，HEDFOA)等[5,6]。在上述关于带阻塞约束的分布式流水车间调度问题中，阻塞多是由机器加工能力不强或缓冲区容量不足造成的。

2.5.2　带恶化时间约束的分布式流水车间调度问题

在实际生产中有多种不确定影响因素，例如，在一些流水车间中，机器在加工某一个工件后会恢复到初始状态，或者在定期修理、预防性维护、更换工具或修理故障后效率下降。因此，窗口时间、资源分配、速率修正活动(rate-modifying activity, RMA)、恶化时间等约束在调度问题中得到了广泛的研究[7]。传统的调度问题一般假设工件加工时间是一个固定的值，但是考虑现实加工的影响因素，一些学者开始考虑工件加工时间恶化效应问题。轩华等[8]研究了无等待约束的流水车间调度问题，并考虑了线性恶化时间，提出了一种混合启发式算法，目标是最小化总加权完工时间。Yang 等[9]研究了恶化时间可变情况下的单机器调度问题，提出了两种维护时间模型，目标是最小化最大完工时间，同时获得了最优的工件加工序列。针对带恶化时间约束的 PFSP 的研究，Arık[10]设计了一种基于种群的禁忌搜索(tabu search, TS)算法解决了线性恶化时间影响下的 PFSP，求解目标是最小化最大完工时间。

2.6　带机器人约束的分布式流水车间调度问题

2.6.1　问题描述

带机器人约束的 DPFSP 相比于基本 DPFSP 增加了机器人装卸工件的约束，每个工厂中都有一个机器人装卸工件，需要考虑工件加工完成后机器人是否处于空闲状态，因而针对此类问题的求解更加复杂。整个生产线包括工厂集合 $F=\{F_1,F_2,\cdots,F_F\}$，机器集合 $M=\{M_1,M_2,\cdots,M_m\}$，工件集合 $J=\{J_1,J_2,\cdots,J_n\}$。问题可描述为：n 个工件分配到 F 个工厂，由 m 台机器进行加工，在每台机器的加工顺序相同，而且工件在前一台机器上处理完成后，通过机器人装卸到下一台机器继续加工。问题假设条件如下[11-15]：

(1) 从指定工厂的 M_1 到最后一台机器 M_m，所有工件都遵循相同的加工顺序。

(2) 所有工件的加工时间都是非负、已知、确定和不间断的。

(3) 每台机器一次只能对一个工件进行操作，工件每次只能在一台机器上加工。

(4) 只有当工件由前一台机器处理完后，机器人才能将该工件装卸到下一台机器。

(5) 机器人每次只能搬运一个工件。

(6) 考虑每个工件的装卸时间，这与工件的加工时间相关。

(7) 机器人的运输时间相对较短，所以可以将其考虑到装卸时间中。

(8) 不允许抢占，因此每个工件都应在分配的机器上加工，直到加工完成。

(9) 每个工厂只有一个机器人，如果机器人不可用，工件应在原来的机器上等待。

(10) 考虑工件相应的恶化时间。

2.6.2 问题建模

1) 参数和变量

$C_{j,i}$　连续变量。工序 $O_{j,i}$ 的完工时间

$Z_{s',i,j}$　二进制变量。如果工件 J_j 在机器 M_i 的位置 s' 由机器人搬运，则 $Z_{s',i,j}=1$；否则为 0

$X_{j,s',f}$　二进制变量。如果工件 J_j 在工厂 F_f 的位置 s' 加工，则 $X_{j,s',f}=1$；否则为 0

$Y_{j,f}$　二进制变量。如果工件 J_j 在工厂 F_f 加工，则 $Y_{j,f}=1$；否则为 0

$U_{j,k,f}$　二进制变量。如果工件 J_j 是工件 J_k 的紧前工件，且二者都分配在工厂 F_f 加工，则 $U_{j,k,f}=1$；否则为 0

2) 模型

在 DPFSP 模型[11]的基础上进行扩展，构建了带机器人约束的 DPFSP 数学规划模型。模型目标和约束条件如下。

目标：

$$\mathrm{obj(R)}=\min C_{\max} \tag{2-67}$$

约束条件：

$$\sum_{f=1}^{F}\sum_{s'=1}^{n}X_{j,s',f}=1,\quad \forall j \tag{2-68}$$

$$\sum_{f=1}^{F}\sum_{j=1}^{n}X_{j,s',f}=1,\quad \forall s' \tag{2-69}$$

$$X_{j,0,f}=0,\quad \forall j,f \tag{2-70}$$

$$\sum_{f=1}^{F}Y_{j,f}=1,\quad \forall j \tag{2-71}$$

$$C_{j,i}\geqslant 0,\quad \forall i,j \tag{2-72}$$

$$C_{j,i}\geqslant C_{j,i-1}+\sum_{s'=1}^{n}X_{j,s',f}p_{i,j},\quad \forall i>1,\ j \tag{2-73}$$

$$C_{j,i}\geqslant p_{i,j}+\left(\sum_{f=1}^{F}U_{j,k,f}-1\right)M,\quad \forall i,j,k \tag{2-74}$$

$$\sum_{j=1}^{n}(U_{j,k,f}+U_{k,j,f})\leqslant 2Y_{j,f},\quad \forall k,f \tag{2-75}$$

$$\sum_{f=1}^{F}\sum_{j=1}^{n}U_{j,k,f}\leqslant 1,\quad \forall f,j,k,\ \forall k\neq j \tag{2-76}$$

$$D_{s'+1,i}\geqslant D_{s',i},\quad s'\in\{1,2,\cdots,n-1\},\ \forall i \tag{2-77}$$

$$\sum_{s'=1}^{n}Z_{s',i,j}=1,\quad \forall j,i \tag{2-78}$$

$$\sum_{i=1}^{m}\sum_{j=1}^{n}Z_{s',i,j}=1,\quad \forall j \tag{2-79}$$

$$D_{s'+1,i}+(3-X_{j,s',f}-Y_{j,f}-Z_{s',i,j})M\geqslant D_{s',i},\quad \forall s',i,j \tag{2-80}$$

$$C_{\max}+(2-X_{j,s',f}-Z_{s',i,j})M\geqslant C_{j,i}+L_{j,i}+U_{j,i},\quad \forall s',i,j,f \tag{2-81}$$

$$X_{j,s',f}\in\{0,1\},\quad \forall j,s',f \tag{2-82}$$

$$Y_{j,f} \in \{0,1\}, \quad \forall j, f \tag{2-83}$$

$$U_{j,k,f}, Z_{s',i,j} \in \{0,1\}, \quad \forall j, k, s', i \tag{2-84}$$

目标函数(2-67)是最小化最大完工时间。约束(2-68)～约束(2-70)确保工件只能分配到某一个工厂的某一个加工位置，工厂的某个加工位置一次只能分配给一个工件。约束(2-71)确保每个工件不能重复分配到多个工厂。约束(2-72)确保每个工件的完工时间是非负的。约束(2-73)和约束(2-74)确保每个工件一次最多分配给一台机器，工件不能由同一台机器重复操作。约束(2-75)和约束(2-76)确保每个工件的紧前工件和紧后工件的唯一性。约束(2-77)是相邻两个工件离开机器时间的关系，未加工完成的工件不能离开机器。约束(2-78)和约束(2-79)确保机器人每次只搬运一个工件。约束(2-80)和约束(2-81)确保每个工件都应该在其分配的机器上等待，直到机器人可用。约束(2-82)～约束(2-84)限定了决策变量的范围。

2.6.3 问题实例

以 3 个工厂加工 10 个工件为例，工件在每个工厂中都有一个生产调度顺序(图 2-6)。每个工厂都有一个机器人装卸工件，机器人一次只能装卸一个工件。每个工件在不同机器上都有对应的加工时间。工件在前一台机器上完成加工后，由机器人卸载该工件，并且将其搬运到下一台机器，这个过程需要一段装卸时间。工件在当前机器上完工后，若没有可用的机器人进行搬运，则该工件在当前机器上等待，直到机器人空闲。如果有多个工件在多台机器上同时完成，并且机器人空闲，那么机器人按照调度顺序搬运优先级最高的工件到下一台机器继续进行加工。

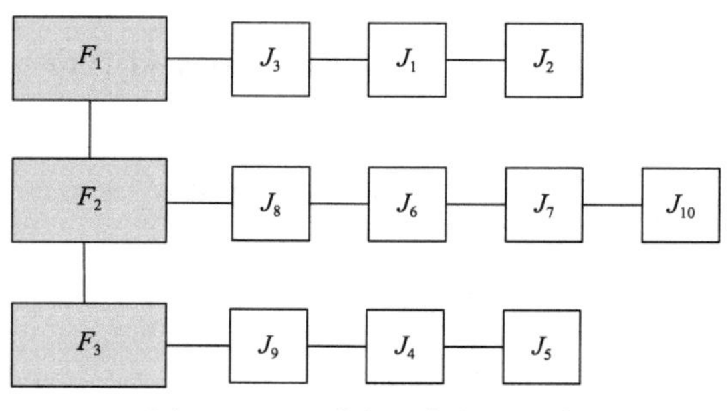

图 2-6　工厂中的工件加工顺序

表 2-3 给出了工件的加工时间、机器人装卸工件时间。例如，工件 J_1 在机器 M_1 上的加工时间为 6min，在 M_2 上的加工时间为 6min，在 M_3 上的加工时间为 7min，机器人装载 J_1 所需时间为 1min，卸载 J_1 的时间为 2min。

表 2-3　工件的加工时间、机器人装卸工件时间　（单位：min）

	M_1	M_2	M_3	$L_{j,i}$	$U_{j,i}$
J_1	6	6	7	1	2
J_2	7	9	4	2	1
J_3	3	5	8	1	1

图 2-7 给出了示例的甘特图表示，每个工件的处理时间包括装载时间、卸载时间、加工时间和恶化时间四个部分。恶化时间由工件加工时间乘以一个系数所得。机器人整个装卸过程如下：机器人搬运 J_1 到 M_1，再装载 J_1 到 M_2，装载 J_2 到 M_1。过了一段时间后，J_2 已经在 M_1 上完成加工，但是机器人正在卸载 J_1，属于忙碌状态，因此 J_2 需要在 M_1 上等待机器人的搬运。机器人搬运工件的时间顺序如下所示，在这个过程中机器人处于忙碌状态，其中，L_{11} 指机器人装载 J_1 到 M_1 的装载时间，U_{11} 指机器人卸载 J_1 的时间。

$$L_{11} \to U_{11} \to L_{12} \to L_{21} \to U_{21} \to L_{31} \to U_{12} \to L_{22} \to L_{13} \to$$
$$U_{31} \to U_{22} \to L_{32} \to U_{13} \to L_{23} \to U_{32} \to U_{23} \to L_{33} \to U_{33}$$

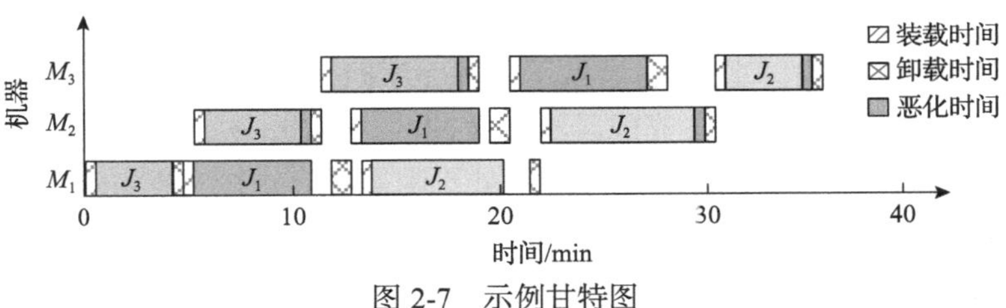

图 2-7　示例甘特图

2.7　带阻塞约束和装配阶段的分布式流水车间调度问题

2.7.1　问题描述

带阻塞约束和装配阶段的分布式流水车间调度问题(DFSP with blocking constraint and assembly stage，DABFSP)是一个复杂的调度优化问题，其流程示意图如图 2-8 所示。为了形象化理解该问题的内在特点，考虑一个具有 5 个工件(J_1、J_2、J_3、J_4、J_5)、2 台生产机器(M_1、M_2)和 1 台装配机器 MA_1、2 个工厂(F_1、F_2)和 2 个产品(P_1、P_2)的 DABFSP 实例。工件$\{J_2, J_5\}$属于产品 P_1，工件$\{J_1, J_4, J_3\}$属于产品 P_2，且工件在 F_1 和 F_2 的加工顺序分别为$\{J_2, J_4, J_3\}$和$\{J_1, J_5\}$，产品的装配顺序为$\{P_2, P_1\}$。工件的加工时间和产品的装配时间在表 2-4 中给出。

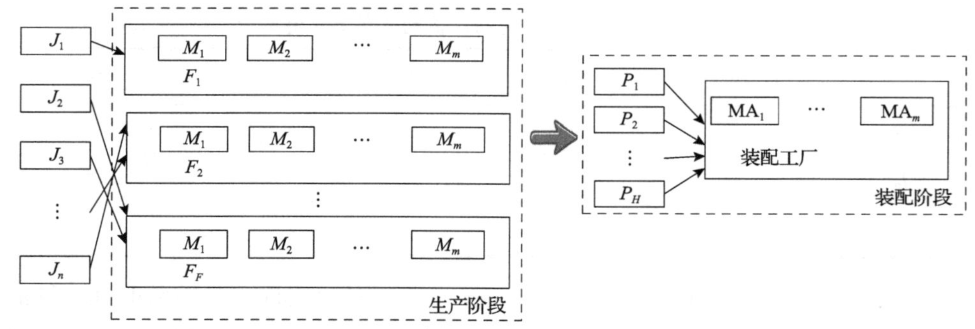

图 2-8　DABFSP 示意图

表 2-4　DABFSP 中工件加工时间和产品装配时间

产品	工件	加工时间/s		装配时间/s
		M_1	M_2	MA$_1$
P_1	J_2	1.5	1	6
	J_5	2	3	
P_2	J_1	3	3	4
	J_4	2	2	
	J_3	4	2	

在生产阶段，J_2 和 J_1 作为工厂 F_1 和 F_2 中的第一个工件，在 0s 时刻开始进入第一道工序进行加工。图 2-9 展示了工件完工时间和产品装配时间的甘特图。由于工件 J_1 在机器 M_1 未加工完成且没有缓冲区，因此，J_5 在机器 M_1 上完工后无法立即到 M_2 上开始加工，即 J_5 在 M_1 上处于阻塞状态。因为产品 P_2 的开始装配时间由工件 J_3 的加工完成时间决定，所以产品 P_2 在 t=9.5s 时开始装配。最后，整个调度的总完成时间为 19.5s。

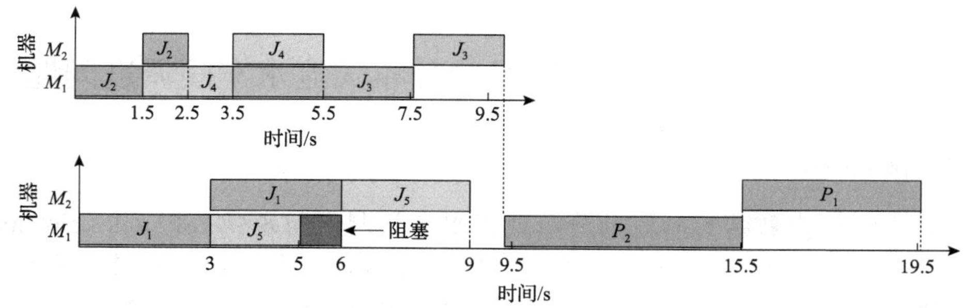

图 2-9　DABFSP 算例甘特图

2.7.2　问题建模

DABFSP 可以描述为：有 n 个工件和 H 个产品，其中每个产品由一定数量的工件组装。每个工件都归属于某个指定产品。因此，DABFSP 由两个连续的阶段组成，即生产阶段和装配阶段。

在生产阶段，首先应进行工件的工厂分配。所有工厂的内部配置都是相同的。每个工厂包含一组机器，则每个工件 J_j 要在 m 台机器上进行 m 个操作，用符号表示为 $\{O_{j,1}, O_{j,2}, \cdots, O_{j,m}\}$。在满足基本 DFSP 的基础上，每个工厂的任何连续机器之间没有缓冲空间。在装配阶段，只有一个工厂和一台装配机器 MA。只有在加工工厂完成与产品相关的所有工件后，才能开始产品的装配。

在两个阶段中，每台机器都有不同的处理速度。在工件加工过程中，不能更改机器的速度。每个工件 J_j 在处理之前在每台机器 M_i 上具有标准处理时间 $t_{j,i}>0$。同样，每个产品在装配机器 MA 上都有一个标准装配时间。如果操作 $O_{j,i}$ 以速度 V_v 进行加工，则 $O_{j,i}$ 的实际加工时间为 $p_{j,i} = t_{j,i} / V_v$。

DABFSP 同时考虑两个目标，即最小化最大完工时间和 TEC。本模型的主要任务如下：①为每个工厂分配工件；②在指定的工厂安排工件加工顺序；③在装配工厂安排产品装配顺序；④为两个阶段中的每个操作分配速度。

1）参数和变量

$X_{k,j,f}$　二进制变量。如果工件 J_j 在工厂 F_f 中紧随工件 J_k 之后加工，则 $X_{k,j,f} = 1$；否则为 0

$Y_{j,f}$　二进制变量。如果工件 J_j 在工厂 F_f 中加工，则 $Y_{j,f} = 1$；否则为 0

$Z_{r,q}$　二进制变量。如果产品 P_r 紧随产品 P_q 之后装配，则 $Z_{r,q} = 1$；否则为 0

$H_{j,i,v}$　二进制变量。如果工件 J_j 在机器 M_i 上以速度 V_v 加工，则 $H_{j,i,v} = 1$；否则为 0

$F_{q,v}$　二进制变量。如果产品 P_q 在装配机器 MA 上以速度 V_v 装配，则 $F_{q,v} = 1$；否则为 0

$G_{j,r}$　二进制变量。如果工件 J_j 属于产品 P_r，则 $G_{j,r} = 1$；否则为 0

2）模型

目标：

$$\text{obj(DABFSP)} = \min\left(C_{\max}, \text{TEC}\right) \tag{2-85}$$

约束条件：

$$\sum_{k=0}^{n}\sum_{f=1}^{F} X_{k,j,f} = 1, \quad j \in \{1, 2, \cdots, n\} \tag{2-86}$$

$$\sum_{j=1}^{n}\sum_{f=1}^{F} X_{k,j,f} \leqslant 1, \quad k \in \{0, 1, 2, \cdots, n\} \tag{2-87}$$

$$X_{j,j,f}=0,\quad j\in\{1,2,\cdots,n\},\ f\in\{1,2,\cdots,F\} \tag{2-88}$$

$$\sum_{j=1}^{n}X_{0,j,f}=1,\quad f\in\{1,2,\cdots,F\} \tag{2-89}$$

$$\sum_{f=1}^{F}(X_{k,j,f}+X_{j,k,f})\leqslant 1,\quad j\in\{1,2,\cdots,n\},\ k\in\{1,2,\cdots,n\},\ j>k \tag{2-90}$$

$$X_{0,j,f}\leqslant Y_{j,f},\quad j\in\{1,2,\cdots,n\},\ f\in\{1,2,\cdots,F\} \tag{2-91}$$

约束(2-85)给出了同时优化的两个目标。约束(2-86)～约束(2-88)意味着同一时刻每个工件只能在一个工厂的一台机器上加工。约束(2-89)～约束(2-91)要求同一时刻每个工厂至少处理一个工件。

$$\sum_{f=1}^{F}Y_{j,f}=1,\quad j\in\{1,2,\cdots,n\} \tag{2-92}$$

$$\sum_{f=1}^{F}(X_{k,j,f}+X_{j,k,f})\leqslant 2Y_{j,f},\quad j\in\{1,2,\cdots,n\},\ f\in\{1,2,\cdots,F\},\ k\neq j \tag{2-93}$$

$$\sum_{q=0}^{H}Z_{r,q}\leqslant 1,\quad r\in\{1,2,\cdots,H\} \tag{2-94}$$

$$\sum_{r=1}^{H}Z_{q,r}\leqslant 1,\quad q\in\{0,1,\cdots,H\} \tag{2-95}$$

$$Z_{q,r}+Z_{r,q}\leqslant 1,\quad r\in\{0,1,2,\cdots,H\},\ q\in\{0,1,2,\cdots,H\} \tag{2-96}$$

约束(2-92)确保每个工件仅分配给一个工厂。约束(2-93)表示每个工件都可以作为紧前工件或紧后工件在工厂中加工。约束(2-94)和约束(2-95)保证每个产品必须在装配工厂中的一个位置。约束(2-96)确保每个产品只能有一个紧前产品和紧后产品。

$$\sum_{v=1}^{s}H_{j,i,v}=1,\quad j\in\{1,2,\cdots,n\},\ i\in\{1,2,\cdots,m\} \tag{2-97}$$

$$\sum_{v=1}^{s}F_{q,v}=1,\quad q\in\{0,1,2,\cdots,H\} \tag{2-98}$$

$$p_{j,i}=t_{j,i}\sum_{v=1}^{s}\frac{H_{j,i,v}}{V_v},\quad j\in\{1,2,\cdots,n\},\ i\in\{1,2,\cdots,m\} \tag{2-99}$$

$$\mathrm{pp}_q = \mathrm{pt}_q \sum_{v=1}^{s} \frac{F_{q,v}}{V_v}, \quad q \in \{0,1,2,\cdots,H\} \tag{2-100}$$

约束(2-97)表示每个操作 $O_{j,i}$ 一旦执行必须保持同一个速度。约束(2-98)保证每个产品一旦装配也必须保持同一个速度。约束(2-99)和约束(2-100)计算每个工件的实际加工时间和每个产品的实际装配时间。

接下来，计算最大完工时间目标值：

$$C_{j,1,f} \geqslant p_{j,1} - M(1 - Y_{j,f}), \quad j \in \{1,2,\cdots,n\}, \ f \in \{1,2,\cdots,F\} \tag{2-101}$$

$$\begin{gathered} C_{j,i,f} \geqslant C_{j,i-1,f} + p_{j,i} - M(1 - Y_{j,f}), \\ j \in \{1,2,\cdots,n\}, \ i \in \{2,3,\cdots,m\}, \ f \in \{1,2,\cdots,F\} \end{gathered} \tag{2-102}$$

$$\begin{gathered} C_{j,i,f} \geqslant C_{k,i,f} + p_{j,i} + (X_{k,j,f} - 1)M, \\ j \in \{1,2,\cdots,n\}, \ k \in \{1,2,\cdots,n\}, \ k \neq j, \ i \in \{1,2,\cdots,m\}, \ f \in \{1,2,\cdots,F\} \end{gathered} \tag{2-103}$$

$$C_f \geqslant C_{j,m,f} - (1 - Y_{j,f})M, \quad f \in \{1,2,\cdots,F\}, \ j \in \{1,2,\cdots,n\} \tag{2-104}$$

$$\begin{gathered} \mathrm{CA}_r \geqslant C_{j,m,f} + \mathrm{pp}_r + M(Y_{j,f} - 1) + M(G_{j,r} - 1), \\ j \in \{1,2,\cdots,n\}, \ r \in \{1,2,\cdots,H\}, \ f \in \{1,2,\cdots,F\} \end{gathered} \tag{2-105}$$

$$\mathrm{CA}_r \geqslant \mathrm{CA}_q + \mathrm{pp}_r + M(Z_{q,r} - 1), \quad r \in \{1,2,\cdots,H\}, \ q \in \{1,2,\cdots,H\}, \ q \neq r \tag{2-106}$$

$$C_{\max} \geqslant \max\{\mathrm{CA}_q\}, \quad q \in \{1,2,\cdots,H\} \tag{2-107}$$

约束(2-101)和约束(2-102)给出 $O_{j,i}$ 完工时间的计算。工厂 F_f 的完工时间在约束(2-103)中计算。约束(2-104)和约束(2-105)给出了产品完工时间的计算。约束(2-106)为整个调度流程的最大完工时间的计算。约束(2-107)用于计算最大完工时间。

最后，进行总能耗目标的计算：

$$\mathrm{PEC} = \sum_{i=1}^{m} \sum_{j=1}^{n} \sum_{v=1}^{s} H_{j,i,v} \times p_{j,i} \times \mathrm{PP}_{i,v} + \sum_{q=1}^{H} \sum_{v=1}^{s} F_{q,v} \times \mathrm{pp}_q \times \mathrm{PP}_{i,v} \tag{2-108}$$

$$\mathrm{SEC} = \sum_{f=1}^{F} \sum_{i=1}^{m} \left(\mathrm{CF}_f - \sum_{j=1}^{n} p_{j,i} \times Y_{j,f} \right) \times \mathrm{SP}_i + \left(C_{\max} - \mathrm{CA}_1 - \sum_{q=2}^{H} \mathrm{pp}_q \right) \times \mathrm{SPP} \tag{2-109}$$

$$\mathrm{TEC} = \mathrm{PEC} + \mathrm{SEC} \tag{2-110}$$

PEC 和 SEC 由约束(2-108)和约束(2-109)给出，整个调度的 TEC 用式(2-110)计算。

2.8 带延展性序列相关切换时间和工件分组的分布式阻塞流水车间调度问题

2.8.1 问题描述

带延展性序列相关切换时间和工件分组的分布式阻塞流水车间调度问题（DBFSP with carryover sequence-dependent setup tine and group，DBFSP-CSDSTG）是一类典型的工业生产调度问题。在该类调度问题中，工件分组约束指按照工件类别，将一定数量的工件打包成组，并把每一组看成一个整体进行调度。考虑工件分组的分布式流水车间调度问题需要同时确定组序列、组内工件序列和组的工厂分配等关键调度结果。此外，比传统的 DFSP 更为复杂的是，组内的工件构成不可变化且属于同一组的工件必须在同一个工厂加工，也就是需要遵循组的不可分割性和工件的加工连续性原则。

切换时间来源于工件执行每道工序前的准备阶段。根据切换时间的计算方式可分为两种类别，即序列无关切换时间[16-20]和序列相关切换时间[20,21]。序列相关切换时间指工件的切换时间与该工件的紧前工件序列相关，特别地，CSDST 不仅与当前工件的直接紧前工件相关，而且与当前工件的所有紧前工件顺序相关[21,22]。在实际加工场景中，带有多个给料机(feeder)的机器用于存储不同类型的原材料，这些原材料添加到机器的给料机中，以等待相应工件分组的加工。默认情况下，最初存储在每个给料机中的原材料类型是上一调度班次的遗留部分，称为初始配置(initial configuration, IC)。

为了直观解释 CSDST 的概念，考虑在两台机器(M_1, M_2)上的三个组(G_1, G_2, G_3)的流水加工生产实例。每台机器有 6 个给料机。表 2-5 显示了组在机器上的给料机配置。假设有两个序列：$S_1=G_2\rightarrow G_1\rightarrow G_3$ 和 $S_2=G_1\rightarrow G_2\rightarrow G_3$。在 S_1 中，为了加工 G_2，需要对给料机 2 和 4 进行重新配置，即放置 G_2 需要的原材料 11 到给料机 2，并去除由于 IC 而存在的原材料 12 来放置原材料 03。给料机 3 不需要重新配置是由于 G_2 和 IC 共享原材料 07。假设配置每个给料机的平均时间为 10s，需要配置记为 1，否则记为 0。因此，G_2 的 CSDST 可以计算为 $(0+1+0+1+0+0)\times10=20$s。值得注意的是，由 IC$\rightarrow G_2\rightarrow G_1$ 的过程中，G_1 的 CSDST 可以计算为 $(0+0+1+0+1+0)\times10=20$s，其中，G_1 和 IC 共享原材料 05，G_1 和 G_2 共享原材料 11，需要移除原材料 07、添加原材料 06 来重新配置给料机 3，并添加原材料 01 到给料机 5 中。以此方法计算 G_3 的 CSDST 为 $1\times10=10$s。在 S_2 中，由于 G_1 和 G_2 的加工顺序改变，因此 G_1 的 CSDST 计算为 $3\times10=30$s，G_2 的 CSDST 计算为 $2\times10=20$s。可以发现，随着处理对象序列的变化，CSDST 也将发生变化。因此，CSDST 是对传统序列相关切换时间研究的升级。

表 2-5　组在机器上的给料机配置

给料机	需要的原料类型							
	M_1				M_2			
	IC	G_1	G_2	G_3	IC	G_1	G_2	G_3
1	05	05		05	09			09
2		11	11		13	15	13	
3	07	06	07			10	10	
4	12		03	12	16	16		15
5		01		01		04	04	02
6	14				08		08	08

DBFSP-CSDSTG 能够将工件分组的优势进一步明显化，具有实质的研究价值。考虑一个有 10 个工件、4 个分组、3 台机器和 2 个工厂的算例。调度甘特图如图 2-10 所示。其中，包含工件 9 和 10 的组 4 以及包含工件 3、4、1 和 2 的组 1 在 F_2 中按顺序处理。包含工件 8 的组 3 以及包含工件 5、7 和 6 的组 2 在 F_1 中按顺序处理。考虑组与组之间的 CSDST 并根据实际组序列进行实时计算更新。

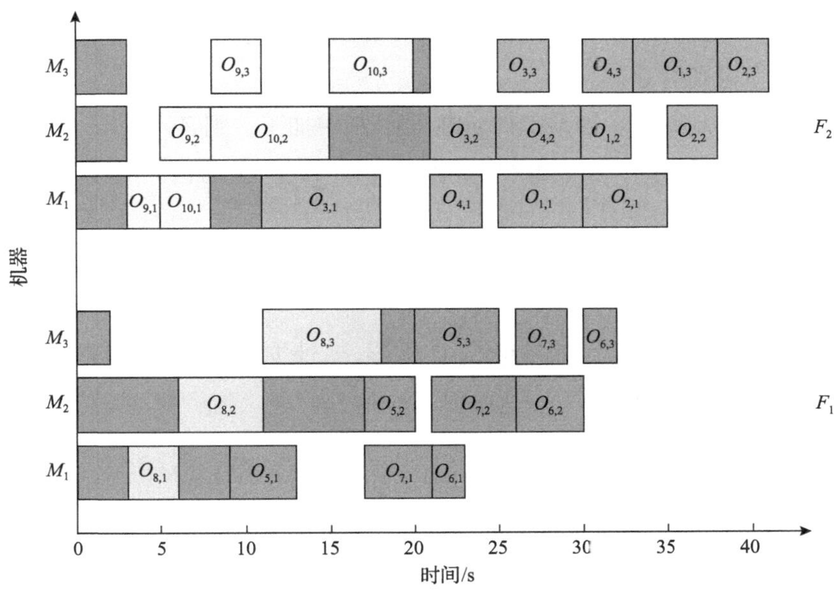

图 2-10　DBFSP-CSDSTG 的调度甘特图

2.8.2　问题建模

在 DBFSP-CSDSTG 中，有 F 个工厂，每个工厂都是由 m 台机器组成的流水车间，相邻机器之间没有缓冲区。考虑 g 个分组，其中每个分组包含 n_h，$h \in \{1,2,\cdots,g\}$

个工件。属于同一分组的工件必须连续处理且在一个工厂中不分离。在加工每个组的第一个工件之前，考虑组与组之间的 CSDST。规定所有工件在时间 t=0s 时可用。工件 J_j 在机器 M_i 上加工表示为操作 $O_{j,i}$。每个 $O_{j,i}$ 对应不同的机器加工速度，且加工速度是一个变量，表示为 $V_{j,i}$。这里，$V_{j,i}$ 为取自 1～s 内的整数。工件必须在所选工厂完成整个生产过程。一台机器只能执行一项操作，一项操作只能在一台机器上进行。该问题的目标是确定组的工厂分配、组和作业的加工顺序以及每项操作的速度选择，以最小化最大完工时间和 TEC。

1）变量和中间变量

$X_{k,f,j}$　二进制变量。如果在工厂 F_f 内，工件 J_j 紧邻着工件 J_k 之后加工，则 $X_{k,f,j}=1$；否则为 0

$H_{j,i,v}$　二进制变量。如果工件 J_j 在机器 M_i 上以速度 V_v 加工，则 $H_{j,i,v}=1$；否则为 0

$I_{i,q',r',l}$　二进制变量。如果加工组 $G_{r'}$ 时需要的元件 E_l 位于机器 M_i 的给料机 $Q_{q'}$ 内，则 $I_{i,q',r',l}=1$；否则为 0

$W_{i,q',r'}$　二进制变量。如果加工组 $G_{r'}$ 需要在机器 M_i 的给料机 $Q_{q'}$ 上切换元件，则 $W_{i,q',r'}=1$；否则为 0

$Z_{j,f}$　二进制变量。如果工件 J_j 在工厂 F_f 中加工，则 $Z_{j,f}=1$；否则为 0

$Y_{r',h}$　二进制变量。如果组 $G_{r'}$ 紧邻着组 G_h 并在其后加工，则 $Y_{r',h}=1$；否则为 0

$A_{i,q',r'}$　二进制变量。如果加工组 $G_{r'}$ 时，在机器 M_i 的给料机 $Q_{q'}$ 上不需要任何元件，则 $A_{i,q',r'}=1$；否则为 0

$Q_{i,q',h,l}$　二进制变量。如果组 G_h 在机器 M_i 上加工，用到给料机 $Q_{q'}$ 的元件 E_l，则 $Q_{i,q',h,l}=1$；否则为 0

2）模型

目标：

$$\text{obj(DBFSP-CSDSTG)} = \min(C_{\max}, \text{TEC}) \tag{2-111}$$

约束条件：

$$U_h = \sum_{r'=1}^{h} n_{r'}, \quad h \in \{1,2,\cdots,g\} \tag{2-112}$$

$$\sum_{k=0}^{n}\sum_{f=1}^{F} X_{k,f,j} = 1, \quad j \in \{1,2,\cdots,n\} \tag{2-113}$$

$$\sum_{j=1}^{n}\sum_{f=1}^{F}X_{k,f,j}\leqslant 1,\quad k\in\{0,1,2,\cdots,n\} \tag{2-114}$$

$$\sum_{j=1}^{n}X_{0,f,j}=1,\quad f\in\{1,2,\cdots,F\} \tag{2-115}$$

$$X_{j,f,j}=0,\quad j\in\{1,2,\cdots,n\},\ f\in\{1,2,\cdots,F\} \tag{2-116}$$

约束(2-111)为目标函数。约束(2-112)用于计算每个分组内的工件数量。约束(2-113)和约束(2-114)要求每个工件只能加工一次。约束(2-115)规定了每个工厂中第一个已加工工件的紧前工件是虚拟工件“0”。约束(2-116)规定工件只能在工厂中加工一次。

$$p_{j,i}=t_{j,i}\sum_{v=1}^{s}\frac{H_{j,i,v}}{V_v},\quad j\in\{1,2,\cdots,n\},\ i\in\{1,2,\cdots,m\} \tag{2-117}$$

$$\sum_{v=1}^{s}H_{j,i,v}=1,\quad j\in\{1,2,\cdots,n\},\ i\in\{1,2,\cdots,m\} \tag{2-118}$$

$$\sum_{r'=0}^{g}Y_{r',h}=1,\quad h\in\{1,2,\cdots,g\} \tag{2-119}$$

$$Y_{h,h}=0,\quad h\in\{1,2,\cdots,g\} \tag{2-120}$$

$$Y_{r',h}=\sum_{f=1}^{F}\sum_{k=1+U_{h-1}}^{U_h}\sum_{j=1+U_{r'-1}}^{U_{r'}}X_{k,f,j},\quad h,r'\in\{1,2,\cdots,g\},\ h\neq r' \tag{2-121}$$

$$Y_{0,h}=\sum_{f=1}^{F}\sum_{j=1+U_{h-1}}^{U_h}X_{0,f,j},\quad h\in\{1,2,\cdots,g\} \tag{2-122}$$

$$\sum_{f=1}^{F}Z_{j,f}=1,\quad j\in\{1,2,\cdots,n\} \tag{2-123}$$

$$\sum_{k=0}^{n}X_{k,f,j}=Z_{j,f},\quad j\in\{1,2,\cdots,n\},\ f\in\{1,2,\cdots,F\} \tag{2-124}$$

$$\sum_{k=1}^{n}(X_{k,f,j}+X_{j,f,k})\leqslant 2Z_{j,f},\quad j\in\{1,2,\cdots,n\},\ f\in\{1,2,\cdots,F\},\ j\neq k \tag{2-125}$$

约束(2-117)给出了每台机器中每个工件的实际加工时间。约束(2-118)确定了$O_{j,i}$在机器上的加工速度，并且每个$O_{j,i}$的速度保持不变。约束(2-119)和约束(2-120)意味着每个组不能被重复加工。两个组之间的顺序关系由属于它们的工件的顺序关系决定，如约束(2-121)和约束(2-122)所示。约束(2-123)表示工件仅能选择一个工厂进行加工。约束(2-124)和约束(2-125)表明工件顺序在一定程度上受作业分配关系支配。

$$C_{j,i} \geqslant C_{j,i-1} + p_{j,i}, \quad j \in \{1,2,\cdots,n\},\ i \in \{2,3,\cdots,m\} \tag{2-126}$$

$$C_{j,i} \geqslant C_{k,i} + p_{j,i} + \left(\sum_{f=1}^{F} X_{k,f,j} - 1\right)M, \quad j,k \in \{1,2,\cdots,n\},\ i \in \{1,2,\cdots,m\} \tag{2-127}$$

$$C_{j,i} \geqslant C_{k,i+1} + M\left(\sum_{f=1}^{F} X_{k,f,j} - 1\right), \quad j,k \in \{1,2,\cdots,n\},\ i \in \{1,2,\cdots,m-1\} \tag{2-128}$$

$$\begin{aligned} & C_{k,i} \geqslant C_{j,i} + p_{k,i} + S_{h,i} + M(Y_{r',h} - 1), \\ & r',h \in \{1,2,\cdots,g\},\ j \in \{U_{r'-1}+1, U_{r'-1}+2,\cdots,U_{r'}\}, \\ & k \in \{U_{h-1}+1, U_{h-1}+2,\cdots,U_h\},\ i \in \{1,2,\cdots,m\},\ r' \neq h \end{aligned} \tag{2-129}$$

$$\begin{aligned} & C_{j,i} \geqslant S_{h,i} + p_{j,i} + M(Y_{0,h} - 1), \\ & h \in \{1,2,\cdots,g\},\ j \in \{U_{h-1}+1, U_{h-1}+2,\cdots,U_h\},\ i \in \{1,2,\cdots,m\} \end{aligned} \tag{2-130}$$

约束(2-126)～约束(2-130)计算每个工件的完成时间。约束(2-126)和约束(2-127)确保两个工件之间不重叠加工。约束(2-128)考虑 DBFSP-CSDSTG 的阻塞约束，并且在约束(2-129)和约束(2-130)中考虑初始切换时间和组之间的切换时间。

$$\mathrm{PEC} = \sum_{i=1}^{m}\sum_{j=1}^{n}\sum_{v=1}^{s} H_{j,i,v} \times p_{j,i} \times \mathrm{PP}_{i,v} \tag{2-131}$$

$$\mathrm{SEC} = \sum_{i=1}^{m}\left(\sum_{f=1}^{F} \mathrm{CF}_f - \sum_{j=1}^{n} p_{j,i}\right) \times \mathrm{SP}_i \tag{2-132}$$

$$\mathrm{TEC} = \mathrm{PEC} + \mathrm{SEC} \tag{2-133}$$

约束(2-133)给出了 TEC 的计算公式，其中，PEC 的计算公式为式(2-131)，SEC 的计算公式为式(2-132)。

$$A_{i,q',r'} = 1 - \sum_{l=1}^{c} V_{i,q',r',l}, \quad i \in \{1,2,\cdots,m\},\ q' \in \{1,2,\cdots,e\},\ r' \in \{0,1,\cdots,g\} \tag{2-134}$$

$$\sum_{l=1}^{c} I_{i,q',r',l} \leqslant 1, \quad i \in \{1,2,\cdots,m\},\ q' \in \{1,2,\cdots,e\},\ r' \in \{0,1,\cdots,g\} \tag{2-135}$$

$$I_{i,q',0,l} = V_{i,q',0,l}, \quad i \in \{1,2,\cdots,m\}, \ q' \in \{1,2,\cdots,e\}, \ l \in \{1,2,\cdots,c\} \tag{2-136}$$

$$\begin{aligned} & I_{i,q',r',l} \geqslant I_{i,q',h,l} + M(A_{i,q',r'} - 1) + M(Y_{h,r'} - 1), \\ & i \in \{1,2,\cdots,m\}, \ q' \in \{1,2,\cdots,e\}, \\ & r' \in \{0,1,\cdots,g\}, \ h \in \{0,1,\cdots,g\}, \ l \in \{1,2,\cdots,c\} \end{aligned} \tag{2-137}$$

$$\begin{aligned} & I_{i,q',r',l} \geqslant V_{i,q',r',l} - A_{i,q',r'}, \\ & i \in \{1,2,\cdots,m\}, \ q' \in \{1,2,\cdots,e\}, \ r' \in \{1,2,\cdots,g\}, \ l \in \{1,2,\cdots,c\} \end{aligned} \tag{2-138}$$

$$\begin{aligned} & W_{i,q',r'} \geqslant I_{i,q',r',l} - I_{i,q',h,l} + M(Y_{h,r'} - 1), \\ & i \in \{1,2,\cdots,m\}, \ q' \in \{1,2,\cdots,e\}, \ r' \in \{1,2,\cdots,g\}, \\ & h \in \{0,1,\cdots,g\}, \ l \in \{1,2,\cdots,c\} \end{aligned} \tag{2-139}$$

$$\begin{aligned} & W_{i,q',r'} \geqslant I_{i,q',h,l} - I_{i,q',r',l} + M(Y_{h,r'} - 1), \\ & i \in \{1,2,\cdots,m\}, \ q' \in \{1,2,\cdots,e\}, \ r' \in \{1,2,\cdots,g\}, \\ & h \in \{0,1,\cdots,g\}, \ l \in \{1,2,\cdots,c\} \end{aligned} \tag{2-140}$$

$$S_{r',i} = \sum_{q'=1}^{e} W_{i,q',r'} \times \mathrm{AST}_{q'}, \quad r' \in \{1,2,\cdots,g\}, \ i \in \{1,2,\cdots,m\} \tag{2-141}$$

约束(2-134)给出 $A_{i,q,r'}$ 的计算公式。约束(2-135)～约束(2-138)利用前驱组的信息更新给料机上的元件信息。约束(2-139)和约束(2-140)将变量 $W_{i,q',r'}$ 限制为 0 或 1。如果给料机上不需要任何元件，则 $W_{i,q',r'}$ 的值为 0。每台机器上的每个组的切换时间由约束(2-141)获取。

2.9　本 章 小 结

相比经典的流水车间调度问题，分布式流水车间调度问题由于增加了工厂选择而变得更加复杂，是一类典型的 NP 难问题。有效建模可以更好地刻画问题特征和约束。本章针对几类典型的分布式流水车间调度问题开展建模分析，为后面章节提供了模型支持。

参 考 文 献

[1] Hall N G, Sriskandarajah C. A survey of machine scheduling problems with blocking and no-wait in process[J]. Operations Research, 1996, 44(3): 510-525.

[2] Aqil S, Allali K. On a bi-criteria flow shop scheduling problem under constraints of blocking and sequence dependent setup time[J]. Annals of Operations Research, 2021, 296(1): 615-637.

[3] 轩华，王晶，李冰，等. 阻塞混合流水车间调度优化研究[J]. 控制工程，2020，27(8)：1346-1350.

[4] Zhao F Q, Zhao L X, Wang L, et al. An ensemble discrete differential evolution for the distributed blocking flowshop scheduling with minimizing makespan criterion[J]. Expert Systems with Applications, 2020, 160: 113678.

[5] Shao Z S, Shao W S, Pi D C. Effective constructive heuristic and metaheuristic for the distributed assembly blocking flow-shop scheduling problem[J]. Applied Intelligence, 2020, 50(12): 4647-4669.

[6] Shao Z S, Pi D C, Shao W S. Hybrid enhanced discrete fruit fly optimization algorithm for scheduling blocking flow-shop in distributed environment[J]. Expert Systems with Applications, 2020, 145: 113147.

[7] Cheng T C E, Yang S J, Yang D L. Common due-window assignment and scheduling of linear time-dependent deteriorating jobs and a deteriorating maintenance activity[J]. International Journal of Production Economics, 2012, 135(1): 154-161.

[8] 轩华, 秦莹莹, 王薛苑, 等. 带恶化工件的不相关并行机调度优化[J]. 系统仿真学报, 2019, 31(5): 919-924.

[9] Yang S J, Yang D L. Minimizing the makespan on single-machine scheduling with aging effect and variable maintenance activities[J]. Omega, 2010, 38(6): 528-533.

[10] Arık O A. Population-based tabu search with evolutionary strategies for permutation flow shop scheduling problems under effects of position-dependent learning and linear deterioration[J]. Soft Computing, 2021, 25(2): 1501-1518.

[11] Naderi B, Ruiz R. The distributed permutation flowshop scheduling problem[J]. Computers & Operations Research, 2010, 37(4): 754-768.

[12] Wang S Y, Wang L, Liu M, et al. An effective estimation of distribution algorithm for solving the distributed permutation flow-shop scheduling problem[J]. International Journal of Production Economics, 2013, 145(1): 387-396.

[13] Pan Q K, Ruiz R. Local search methods for the flowshop scheduling problem with flowtime minimization[J]. European Journal of Operational Research, 2012, 222(1): 31-43.

[14] Osman I H, Potts C N. Simulated annealing for permutation flow-shop scheduling[J]. Omega, 1989, 17(6): 551-557.

[15] Tavares-Neto R F, Nagano M S. An Iterated Greedy approach to integrate production by multiple parallel machines and distribution by a single capacitated vehicle[J]. Swarm and Evolutionary Computation, 2019, 44: 612-621.

[16] Sabouni M T Y, Logendran R. Lower bound development in a flow shop electronic assembly problem with carryover sequence-dependent setup time[J]. Computers & Industrial Engineering,

2018, 122: 149-160.

[17] Han X, Han Y Y, Chen Q D, et al. Distributed flow shop scheduling with sequence-dependent setup times using an improved iterated greedy algorithm[J]. Complex System Modeling and Simulation, 2021, 1 (3): 198-217.

[18] Mehdizadeh E, Tavakkoli-Moghaddam R, Yazdani M. A vibration damping optimization algorithm for a parallel machines scheduling problem with sequence-independent family setup times[J]. Applied Mathematical Modelling, 2015, 39 (22): 6845-6859.

[19] Belabid J, Aqil S, Allali K. Solving permutation flow shop scheduling problem with sequence-independent setup time[J]. Journal of Applied Mathematics, 2020, 2020: 7132469.

[20] Qiao Y, Wu N Q, He Y F, et al. Adaptive genetic algorithm for two-stage hybrid flow-shop scheduling with sequence-independent setup time and no-interruption requirement[J]. Expert Systems with Applications, 2022, 208: 118068.

[21] Meng T, Pan Q K. A distributed heterogeneous permutation flowshop scheduling problem with lot-streaming and carryover sequence-dependent setup time[J]. Swarm and Evolutionary Computation, 2021, 60: 100804.

[22] Zhang C R, Zhang D D, Wu T. Data-driven branching and selection for lot-sizing and scheduling problems with sequence-dependent setups and setup carryover[J]. Computers & Operations Research, 2021, 132: 105289.

第 3 章　几类智能优化算法

智能优化算法是一种启发式优化算法，包括遗传算法、蚁群优化算法、禁忌搜索算法、模拟退火算法、粒子群优化算法等。本章围绕几类经典的智能优化算法开展分析，包括鲸鱼群优化算法、模拟退火算法、迭代贪心算法、非支配遗传排序算法和变邻域搜索算法等。

3.1　鲸鱼群优化算法

鲸鱼群优化算法(whale optimization algorithm, WOA)是由 Mirjalili 等[1]提出的一种新型优化算法，其主要行为包括气泡网攻击和寻找猎物。

3.1.1　气泡网攻击

如果有两只以上的鲸鱼出现在收缩的圆圈中，这些鲸鱼就会产生气泡，并将它们的猎物围成螺旋形的路径。鲸鱼群首先确定搜索代理位置，然后选择“包围猎物”或“螺旋形路径”策略捕获食物。包围猎物机制如下：

$$D=\left|2rX_t^*-X_t\right| \tag{3-1}$$

$$X_{t+1}=X_t^*-AD \tag{3-2}$$

$$A=2ar-a \tag{3-3}$$

式中，t 是当前迭代次数；D 是当前最优解 X_t^* 到位置向量 X_t 距离的绝对值；A 为控制参数，在$[-a, a]$中随机选择；r 的取值范围是[0,1]；a 为线性收敛因子。

螺旋形路径的行为表现如下：

$$X_{t+1}=D'\mathrm{e}^{bl}\cos(2\pi l)+X_t^* \tag{3-4}$$

$$D'=\left|X_t^*-X_t\right| \tag{3-5}$$

式中，D' 是 X_t^* 与 X_t 距离的绝对值；b 是一个常数，用来规定对数螺旋的形状；l 是[0,1]内的随机数。在气泡网攻击过程中，包围猎物的概率和选择螺旋形路径的概率均为 0.5，p 是在[0,1]内随机选择的。

$$X_{t+1}=\begin{cases}X_t^*-AD, & p<0.5\\ D'\mathrm{e}^{bl}\cos(2\pi l)+X_t^*, & p\geqslant 0.5\end{cases} \tag{3-6}$$

3.1.2　寻找猎物

WOA 通过定义一个随机值 A 来寻找猎物。当 $A\geqslant 1$ 时，通过搜索代理进行位置更新时，不是选择最好的搜索代理，而是随机进行选择。X_{rand}^* 代表种群随机选择的鲸鱼个体。该模型可定义为

$$D=\left|KX_{\text{rand}}^*-X_t\right| \tag{3-7}$$

$$X_{t+1}=X_{\text{rand}}^*-AD \tag{3-8}$$

算法 3-1 给出了鲸鱼群优化算法的整体流程。

算法 3-1　鲸鱼群优化算法(WOA)

输入： 一个种群

输出： 最优解

初始种群 $X_i(i=1, 2, \cdots, n)$//初始化种群
计算搜索代理目标值
X^*= 搜索代理的最小目标值
while (t <最大迭代次数)
　　for 每一个搜索代理　**do**//循环每一个搜索代理
　　　　if ($p<0.5$)　**then**
　　　　　　if ($A<1$)　**then**
　　　　　　　　$X_{t+1}=X_t^*-AD$
　　　　　　else if ($A\geqslant 1$)　**then**
　　　　　　　　$X_{t+1}=X_{\text{rand}}^*-AD$
　　　　　　end
　　　　else if ($p\geqslant 0.5$)　**then**

$$X_{t+1} = D'e^{bl}\cos(2\pi l) + X_t^*$$

end

end

修复搜索代理

计算每个搜索代理的目标值并更新 X_t^*

end

3.1.3 WOA 研究现状

WOA 的搜索过程包括深度搜索和广度搜索两种，其具有典型的局部优化和全局优化的能力，这使得它适合于实际优化问题求解。另外，WOA 不需要进行复杂的结构调整来适应不同优化问题，其核心参数只有两个，因此 WOA 表现出了易于收敛、灵活、容易实现等特点。

近年来，WOA 在许多领域得到了广泛的应用，如分布式发电系统优化[2]、资源配置优化[3]、径向配电网络[4]、电力系统[5,6]、多级阈值图像分割[7]以及最优无功调度[8]等。WOA 设计之初是用于求解连续问题的，在解决车间调度这种离散优化问题时，需要进行改进。针对流水车间调度问题，Abdel-Basset 等[9]提出了嵌入变异算子、插入操作和局部搜索方法的混合鲸鱼群优化算法。Wang 等[10]考虑了设备动态重构过程，通过 WOA 与非线性捕食优化策略相结合，搜索最优解。Luan 等[11]首先提出了鲸个体位置向量与调度解的转换方法，并利用混沌反向学习策略，得到最优解。再引入非线性收敛因子和自适应权值来平衡算法的开发和探索能力。最后，还对当前最优个体进行了变邻域搜索操作，以提高局部勘探的准确性和有效性。针对作业车间调度问题(job shop scheduling problem, JSP)，Zhang 等[12]提出了一种离散鲸鱼群优化算法，设计了一种贪婪延迟解码策略从而避免出现不可行解，进一步提出了一种带重复数据删除策略的变异机制。Jiang 等[13]通过融合调度规则、非线性收敛因子和突变策略来改进鲸鱼群优化算法。Liu 等[14]通过差分进化对 WOA 的局部搜索能力进行改进。栾飞等[15]提出了鲸鱼群优化算法和转换机制相结合的方法，将柔性作业车间调度问题(flexible job shop scheduling problem, FJSP)生成的离散解和得到的连续位置向量进行了有效转换。付坤[16]研究了 WOA 与多种启发式规则相结合的方法，并应用于求解作业车间调度问题。杨超锋[17]通过引入三种邻域结构，解决了单目标工艺次序柔性作业车间调度问题，并利用档案集与快速非支配排序相结合的方法求解了多目标 FJSP。曾冰等[18]

在解决炼钢连铸调度问题时，考虑了缓冲区约束，并通过 WOA 改变迭代规则，加入两个阈值进行解的优化。表 3-1 给出了鲸鱼群优化算法相关研究的约束、方法对比分析。

表 3-1　鲸鱼群优化算法研究

问题	作者	约束	方法	文献
FSP	Abdel-Basset 等	机器约束	WOA+变异算子+插入操作+局部搜索	[9]
	Wang 等	机器约束	WOA+非线性捕食优化策略	[10]
	Luan 等	机器约束	WOA+混沌反向学习策略+变邻域搜索	[11]
JSP	Zhang 等	有限缓冲约束、实际约束	WOA+贪婪延迟解码策略+重复数据删除策略	[12]
	Jiang 等	机器约束	WOA+调度规则+非线性收敛因子+突变策略	[13]
	Liu 等	机器约束	WOA+差分进化	[14]
	栾飞等	柔性约束	WOA+转换机制	[15]
	付坤	柔性约束、资源受限	WOA+启发式规则	[16]
	杨超锋	柔性约束、工艺次序	WOA+三种邻域结构	[17]
炼钢连铸调度	曾冰等	缓冲区约束	WOA+迭代计数器	[18]

3.2　模拟退火算法

模拟退火(simulated annealing, SA)算法可以在一定程度上提高跳出局部最优的能力，进而保证算法的全局搜索能力。SA 算法有以下几个步骤：首先，随机生成一组初始解，并选出当前最优解 X_{best} 。之后，根据当前最优解 X_{best} 的某个邻域函数，生成邻域解 X_n 并计算其目标值 $E(X_n)$ 。再次，计算增量 $\Delta E = E(X_n) - E(X_{\text{best}})$，并根据该增量决定是否接受新的邻域解：如果 $\Delta E < 0$，邻域解将被接受，如果 $\Delta E \geqslant 0$ ，邻域解按照概率 $p = \mathrm{e}^{-\Delta E/T}$ 接受，其中 T 是一个具有周期性下降的温度参数。Osman 等[19]根据式(3-9)设定了初始温度：

$$\text{Temparature} = T \cdot \frac{\sum_{i=1}^{m}\sum_{j=1}^{n} p_{i,j}}{10nm} \tag{3-9}$$

SA 算法核心流程参见算法 3-2。

算法 3-2 模拟退火(SA)算法

输入： 一个初始解

输出： 最优解

随机生成一个初始解 X_0，所以 $X_{\text{best}} = X_0$

设置一个初始温度 $T_{(0)} = T_0$，迭代次数 $i = 1$

while $(T_{(i)} > T_{\min})$

  for $j = 1 \sim k$ **do**

  由当前的最优解 X_{best}，产生一个新的函数或解 X_n

  计算新解 X_n 和最优解 X_{best} 的增量 $\Delta E = E(X_n) - E(X_{\text{best}})$

   if $(\Delta E < 0)$ **then**

    $X_{\text{best}} = X_n$

   else if $(\Delta E \geqslant 0)$ **then**

    $p = \mathrm{e}^{-\Delta E / T}$

    if (random [0,1] $< p$) **then**

     $X_{\text{best}} = X_n$

    end

   end

   end

  end

  $i = i + 1$

end

3.3 迭代贪心算法

迭代贪心(iterated greedy, IG)算法是一种比较有效的局部搜索算法，近年来在优化领域得到了广泛的关注和研究[20-38]。Ruiz 等[20]采用 IG 算法求解置换流水线调度问题，算法采用析构(destruction)和构造(construction)两种算子，有效提高了求解质量。IG 算法可以直接应用于求解离散调度问题，因而得到了广泛应用。

3.3.1　迭代贪心算法描述

迭代贪心算法基本流程如下：由一个初始解开始，通过循环析构和构造的过程搜索最优解。析构过程用来删除解的某些部分或元素，构造过程用于使用贪心策略填充当前解的剩余部分。构造的新解通过某种评价准则计算其目标值，之后新解与旧解进行比较，以产生下一次迭代的初始解。迭代贪心算法流程如算法 3-3 所示。

算法 3-3　迭代贪心算法

输入： 初始解 X_0

输出： 最优解 X_{best}

利用初始化策略，生成初始解 X_0，且 $X_{best}=X_0$
while 未达到迭代上限 **do**
　X_1←对 X_0 执行破坏操作
　X_2←对 X_1 执行重建操作
　if X_2 优于 X_0 **then** $X_0= X_2$
　end
　if X_2 优于 X_{best} **then** $X_{best}= X_2$
　else 利用接受准则判断是否接受 X_2
　end
end
return X_{best} 和 X_{best} 的目标值

3.3.2　迭代贪心算法求解单目标优化问题

近年来，IG 算法在求解单目标优化问题中得到了一定的应用，典型的包括：无等待约束的流水车间调度问题[21]、并行设备调度问题[22,23,26,27]、最大分散度问题[24]、顶点覆盖问题[25]、阻塞车间调度问题[28]、带时间窗的旅行商问题[29]、零空闲置换流水线调度问题[30]等。上述研究仅考虑单目标调度问题，在多目标优化问题中的算法性能尚待检验。

3.3.3 迭代贪心算法求解双目标优化问题

Ruiz 等[31]研究了带有序列相关启动时间约束的流水车间调度问题，采用 IG 算法优化 Makespan 和 Tardiness 两个目标。Minella 等[32]针对多目标流水线调度问题，给出了一种基于 Pareto 文档集的 IG 算法。Ying 等[33]则给出了一种基于 Pareto 文档集的 IG 算法策略，用于求解双目标重入型混合流水线调度问题。上述研究考虑双目标优化问题，采用 Pareto 文档集存储形式。然而，现实生产中往往存在多个目标，采用 Pareto 文档集求解的性能尚待进一步检验。

3.3.4 迭代贪心算法混合策略

Tasgetiren 等[34]针对零空闲置换流水线调度问题，给出了一种变邻域 IG 和差分进化相结合的混合算法。García-Martínez 等[35]研究了二次背包问题，并给出了禁忌加强的 IG 算法（tabu-enhanced iterated greedy algorithm）策略。Ding 等[36]针对无等待流水线调度问题，给出了一种基于禁忌重构的 IG 算法。进一步，Fernandez-Viagas 等[37]针对分布式置换流水线调度问题，设计了一种基于边界搜索（bounded-search）的 IG 算法策略。Quevedo-Orozco 等[38]则针对顶点能力有限的 p-中心问题，提出了一种变邻域下降的 IG 算法。算法混合是进一步改进 IG 算法性能的研究热点，上述研究取得了一定的进展。混合优化算法如何应用于求解现实生产调度问题，尚待进一步研究。

3.4 非支配排序遗传算法

非支配排序遗传算法（non-dominated sorting genetic algorithm, NSGA）是在遗传算法（genetic algorithm, GA）的基础之上，加入帕累托最优概念，并运用到多目标优化问题中。该算法最早由 Srinivas 等[39]提出，并在多个领域的优化问题中得到广泛使用。与 GA 相比较，NSGA 依据支配和非支配关系对种群中的个体分级，并根据分级的结果进行个体排序，进而选择一定数量范围内的个体，然后对这些个体进行再次优化。进一步地，Deb 等[40]提出第二代非支配排序遗传算法（NSGA-II），并在 NSGA 框架之上融入精英策略，是在原有算法上的改进，进一步提高了算法的计算效率和优化效果。NSGA-II 的框架如图 3-1 所示。

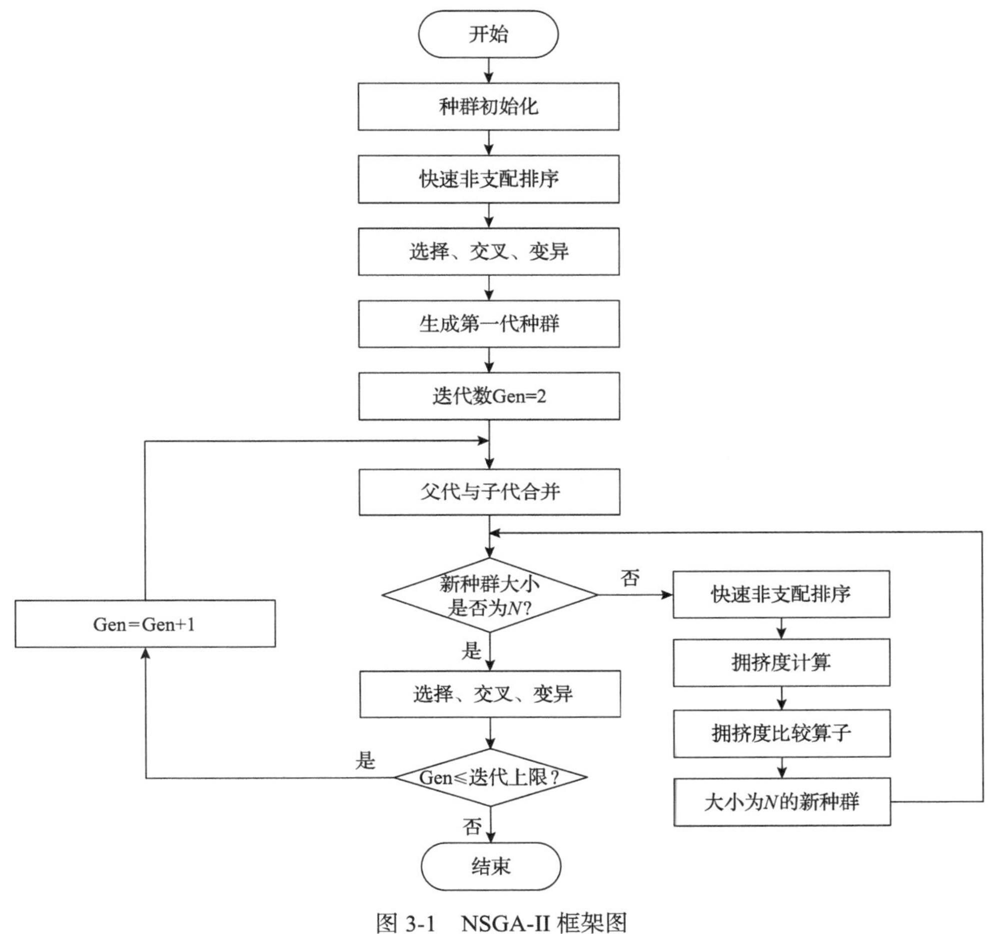

图 3-1　NSGA-II 框架图

3.5　变邻域搜索算法

变邻域搜索(variable neighborhood search, VNS)算法由 Mladenović 等[41]首次提出，已经成为国内外的一个研究热点。它的主要思想是设计不同的邻域结构并在这些结构中实现交替局部搜索。由于在不同邻域结构搜索下得到的局部最优解是不一定相同的，且多个局部最优解可使算法有更多的可能性得到全局最优解，因此，变邻域搜索算法可提高解决问题的优化质量。

图 3-2 形象地表示了 VNS 算法的搜索过程。可以看出，当在本邻域结构内搜索不到更优的解决方案时，就转移到其他邻域结构继续执行局部搜索；当在本邻域结构内搜索找到更优解决方案时，重新转向第一个邻域结构。VNS 算法主要有

两个过程，即邻域搜索和扰动。在算法 3-4 中给出了 VNS 算法的详细步骤。

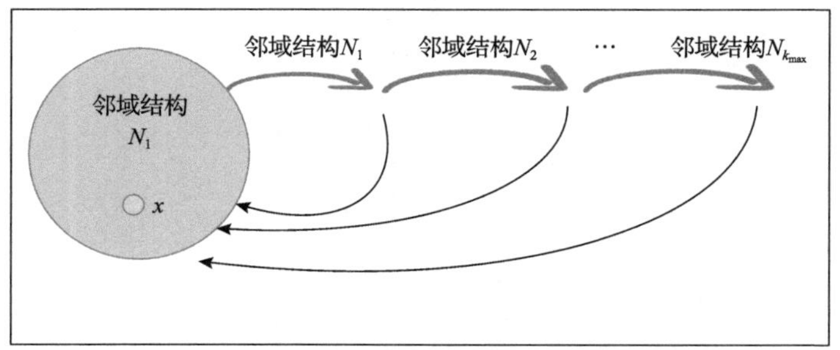

图 3-2 VNS 算法的搜索过程

算法 3-4 变邻域搜索(VNS)算法

输入： 初始解 X_0

输出： 最优解 X_{best}

$X_{best} = X_0$

定义邻域结构 N_k，$k=1,2,\cdots,k_{max}$

设置 $k=1$

while $k \leqslant k_{max}$ **do**

  在邻域结构 N_l 中进行局部搜索，找到 X_0 的最优邻域解 X_1

  if X_1 的目标值优于 X_{best} **then** $X_{best} = X_1$，$k=1$

  else $k=k+1$

end

3.6 本 章 小 结

鲸鱼群优化算法由于具有参数少、易于实现等特点，近年来在连续优化问题中得到了广泛应用。模拟退火方法可以有效提升算法全局搜索能力，因而在算法混合中得到了大量推广和实现。迭代贪心算法由于具有较强的局部搜索能力，在组合优化问题求解中表现出了良好的性能。本章分析了上述算法的特点和实现细节，为后面章节采用上述算法求解复杂调度问题奠定了基础。

参考文献

[1] Mirjalili S, Lewis A. The whale optimization algorithm[J]. Advances in Engineering Software, 2016, 95: 51-67.

[2] Prakash D B, Lakshminarayana C. Multiple DG placements in radial distribution system for multi objectives using whale optimization algorithm[J]. Alexandria Engineering Journal, 2018, 57(4): 2797-2806.

[3] Reddy P D P, Reddy V C V, Manohar T G. Optimal renewable resources placement in distribution networks by combined power loss index and whale optimization algorithms[J]. Journal of Electrical Systems and Information Technology, 2018, 5(2): 175-191.

[4] Prakash D B, Lakshminarayana C. Optimal siting of capacitors in radial distribution network using whale optimization algorithm[J]. Alexandria Engineering Journal, 2017, 56(4): 499-509.

[5] Xiong G J, Zhang J, Shi D Y, et al. Parameter extraction of solar photovoltaic models using an improved whale optimization algorithm[J]. Energy Conversion and Management, 2018, 174: 388-405.

[6] Hasanien H M. Performance improvement of photovoltaic power systems using an optimal control strategy based on whale optimization algorithm[J]. Electric Power Systems Research, 2018, 157: 168-176.

[7] Aziz M, Ewees A A, Hassanien A E. Whale optimization algorithm and moth-flame optimization for multilevel thresholding image segmentation[J]. Expert Systems with Applications, 2017, 83: 242-256.

[8] Medani K, Sayah S, Bekrar A. Whale optimization algorithm based optimal reactive power dispatch: A case study of the Algerian power system[J]. Electric Power Systems Research, 2018, 163: 696-705.

[9] Abdel-Basset M, Manogaran G, El-Shahat D, et al. RETRACTED: A hybrid whale optimization algorithm based on local search strategy for the permutation flow shop scheduling problem[J]. Future Generation Computer Systems, 2018, 85: 129-145.

[10] Wang Y K, Wang S L, Li D, et al. An improved multi-objective whale optimization algorithm for the hybrid flow shop scheduling problem considering device dynamic reconfiguration processes[J]. Expert Systems with Applications, 2021, 174: 114793.

[11] Luan F, Cai Z Y, Wu S Q, et al. Improved whale algorithm for solving the flexible job shop scheduling problem[J]. Mathematics, 2019, 7(5): 384.

[12] Zhang C J, Tan J W, Peng K K, et al. A discrete whale swarm algorithm for hybrid flow-shop scheduling problem with limited buffers[J]. Robotics and Computer-Integrated Manufacturing, 2021, 68: 102081.

[13] Jiang T H, Zhang C, Zhu H Q, et al. Energy-efficient scheduling for a job shop using an improved whale optimization algorithm[J]. Mathematics, 2018, 6(11): 220.

[14] Liu M, Yao X F, Li Y X. Hybrid whale optimization algorithm enhanced with Lévy flight and differential evolution for job shop scheduling problems[J]. Applied Soft Computing, 2020, 87: 105954.

[15] 栾飞, 吴书强, 李富康, 等. 一种求解柔性作业车间调度问题的鲸鱼群优化算法[J]. 机械科学与技术, 2020, 39(2): 241-246.

[16] 付坤. 基于鲸鱼群算法的柔性作业车间调度方法研究[D]. 武汉: 华中科技大学, 2019.

[17] 杨超锋. 基于鲸鱼群算法的工艺次序柔性的车间调度方法研究[D]. 武汉: 华中科技大学, 2018.

[18] 曾冰, 王梦雨, 高亮, 等. 改进鲸鱼群算法及其在炼钢连铸调度中的应用[J]. 郑州大学学报(工学版), 2018, 39(6): 14-22, 35.

[19] Osman I, Potts C. Simulated annealing for permutation flow-shop scheduling[J]. Omega, 1989, 17(6): 551-557.

[20] Ruiz R, Stützle T. A simple and effective iterated greedy algorithm for the permutation flowshop scheduling problem[J]. European Journal of Operational Research, 2007, 177(3): 2033-2049.

[21] Pan Q K, Wang L, Zhao B H. An improved iterated greedy algorithm for the no-wait flow shop scheduling problem with makespan criterion[J]. The International Journal of Advanced Manufacturing Technology, 2008, 38(7): 778-786.

[22] Fanjul-Peyro L, Ruiz R. Iterated greedy local search methods for unrelated parallel machine scheduling[J]. European Journal of Operational Research, 2010, 207(1): 55-69.

[23] Ying K C, Cheng H M. Dynamic parallel machine scheduling with sequence-dependent setup times using an iterated greedy heuristic[J]. Expert Systems with Applications, 2010, 37(4): 2848-2852.

[24] Lozano M, Molina D, García-Martínez C. Iterated greedy for the maximum diversity problem[J]. European Journal of Operational Research, 2011, 214(1): 31-38.

[25] Bouamama S, Blum C, Boukerram A. A population-based iterated greedy algorithm for the minimum weight vertex cover problem[J]. Applied Soft Computing, 2012, 12(6): 1632-1639.

[26] Ying K C. Scheduling identical wafer sorting parallel machines with sequence-dependent setup times using an iterated greedy heuristic[J]. International Journal of Production Research, 2012, 50(10): 2710-2719.

[27] Rodriguez F J, Lozano M, Blum C, et al. An iterated greedy algorithm for the large-scale unrelated parallel machines scheduling problem[J]. Computers & Operations Research, 2013, 40(7): 1829-1841.

[28] Pranzo M, Pacciarelli D. An iterated greedy metaheuristic for the blocking job shop scheduling

problem[J]. Journal of Heuristics, 2016, 22(4): 587-611.

[29] Karabulut K, Tasgetiren M F. A variable iterated greedy algorithm for the traveling salesman problem with time windows[J]. Information Sciences, 2014, 279: 383-395.

[30] Pan Q K, Ruiz R. An effective iterated greedy algorithm for the mixed no-idle permutation flowshop scheduling problem[J]. Omega, 2014, 44: 41-50.

[31] Ruiz R, Stützle T. An iterated greedy heuristic for the sequence dependent setup times flowshop problem with makespan and weighted tardiness objectives[J]. European Journal of Operational Research, 2008, 187(3): 1143-1159.

[32] Minella G, Ruiz R, Ciavotta M. Restarted iterated Pareto greedy algorithm for multi-objective flowshop scheduling problems[J]. Computers & Operations Research, 2011, 38(11): 1521-1533.

[33] Ying K C, Lin S W, Wan S Y. Bi-objective reentrant hybrid flowshop scheduling: An iterated Pareto greedy algorithm[J]. International Journal of Production Research, 2014, 52(19): 5735-5747.

[34] Tasgetiren M F, Pan Q K, Suganthan P N, et al. A variable iterated greedy algorithm with differential evolution for the no-idle permutation flowshop scheduling problem[J]. Computers & Operations Research, 2013, 40(7): 1729-1743.

[35] García-Martínez C, Rodriguez F J, Lozano M. Tabu-enhanced iterated greedy algorithm: A case study in the quadratic multiple knapsack problem[J]. European Journal of Operational Research, 2014, 232(3): 454-463.

[36] Ding J Y, Song S J, Gupta J N D, et al. An improved iterated greedy algorithm with a Tabu-based reconstruction strategy for the no-wait flowshop scheduling problem[J]. Applied Soft Computing, 2015, 30: 604-613.

[37] Fernandez-Viagas V, Framinan J M. A bounded-search iterated greedy algorithm for the distributed permutation flowshop scheduling problem[J]. International Journal of Production Research, 2015, 53(4): 1111-1123.

[38] Quevedo-Orozco D R, Ríos-Mercado R Z. Improving the quality of heuristic solutions for the capacitated vertex p-center problem through iterated greedy local search with variable neighborhood descent[J]. Computers & Operations Research, 2015, 62: 133-144.

[39] Srinivas N, Deb K. Muiltiobjective optimization using nondominated sorting in genetic algorithms[J]. Evolutionary Computation, 1994, 2(3): 221-248.

[40] Deb K, Pratap A, Agarwal S, et al. A fast and elitist multiobjective genetic algorithm: NSGA-II[J]. IEEE Transactions on Evolutionary Computation, 2002, 6(2): 182-197.

[41] Mladenović N, Hansen P. Variable neighborhood search[J]. Computers & Operations Research, 1997, 24(11): 1097-1100.

第 4 章　带装配阶段的分布式流水车间调度问题

在第 2 章和第 3 章的基础上，考虑到带装配阶段的分布式流水车间调度问题在实际生产过程中存在诸多典型应用，本章采用改进的鲸鱼群优化算法进行求解。本章内容主要分成如下三部分：

(1) 问题建模。定义了带装配阶段的分布式流水车间调度问题约束条件和优化目标，通过加权求和的方法求解多目标值。

(2) 算法设计。根据问题特征，提出了编码解码机制，改进了鲸鱼群优化算法，提出了两种交叉策略，提高了算法的有效性。

(3) 实验分析。根据实验算例，分析算法、策略的有效性。

4.1　带装配阶段的分布式流水车间调度问题建模

1) 参数和变量

k'　装配机器索引

P_c　起重机初始位置

$\mathrm{TS}_{j,i,f}$　在分布式工厂 F_f 中，工件 J_j 在机器 M_i 上的待机时间

$\mathrm{TA}_{k',q}$　产品 P_q 在装配机器 $\mathrm{MA}_{k'}$ 上的装配时间

TT_f　从分布式工厂 F_f 到装配阶段的运输时间

UP　加工能耗单位值

US　等待能耗单位值

UT　起重机运输能耗单位值

$\mathrm{ES}_{j,i,f}$　在分布式工厂 F_f 中，工件 J_j 在机器 M_i 上等待的能耗

$\mathrm{EP}_{j,i,f}$　在分布式工厂 F_f 中，工件 J_j 在机器 M_i 上加工的能耗

$\mathrm{EA}_{k',q}$　产品 P_q 在装配机器 $\mathrm{MA}_{k'}$ 上加工的能耗

ET_j　起重机运输工件 J_j 的能耗

$p_{j,i,f}$　工件 J_j 在工厂 F_f 的机器 M_i 上的加工时间

$X_{j,i,f}$　二进制变量。如果工件 J_j 在工厂 F_f 的机器 M_i 上加工，则 $X_{j,i,f}=1$；否则为 0

$Y_{k',q}$　二进制变量。如果产品 P_q 分配到装配机器 $\mathrm{MA}_{k'}$ 上加工，则 $Y_{k',q}=1$；否

则为 0

2) 模型

目标：

$$\text{obj}=\min(w_1C_{\max}+(1-w_1)\text{TEC}) \tag{4-1}$$

约束：

$$\sum_{f=1}^{F}\sum_{j=1}^{m}X_{j,i,f}=1,\quad \forall i \tag{4-2}$$

$$C_{j,i,f}\geqslant C_{j-1,i,f}+p_{j,i,f},\quad j\in\{2,3,\cdots,m\},\ \forall f,i \tag{4-3}$$

$$C_{1,i,f}\geqslant p_{1,i,f},\quad \forall f,i,j \tag{4-4}$$

$$C_{\max}\geqslant C_{j,i,f}+\text{TA}_{k',q}+\text{TS}_{j,i,f}+\text{TT}_f,\quad \forall i,j,f,q,k' \tag{4-5}$$

$$S_{j,i,f}\geqslant \max\{C_{j-1,i,f},C_{j,i-1,f}\},\quad i\in\{2,3,\cdots,n\},\ j\in\{2,3,\cdots,m\},\ \forall f \tag{4-6}$$

$$\text{EP}_{j,i,f}=\text{UP}\times p_{j,i,f} \tag{4-7}$$

$$\text{EA}_{k',q}=\text{UP}\times\text{TA}_{k',q} \tag{4-8}$$

$$\text{ET}_j=\text{UT}\times\text{TT}_f \tag{4-9}$$

$$\text{ES}_{j,i,f}=\text{US}\times\text{TS}_{j,i,f} \tag{4-10}$$

$$\begin{aligned}\text{TEC}=&\ \text{ET}_j+\sum_{i=1}^{n}\sum_{f=1}^{F}\sum_{j=1}^{m}X_{j,i,f}\times\text{EP}_{j,i,f}+\sum_{q=1}^{H}\sum_{k'=1}^{\text{MA}}Y_{k',q}\times\text{EA}_{k',q}\\&+\sum_{i=1}^{n}\sum_{f=1}^{F}\sum_{j=1}^{m}X_{j,i,f}\times\text{ES}_{j,i,f}\end{aligned} \tag{4-11}$$

$$P_c=\text{MA}_1 \tag{4-12}$$

$$\sum_{k'=1}^{\text{MA}}Y_{k',q}=1,\quad \forall q \tag{4-13}$$

式(4-1)给出了最大完工时间和能耗加权总和的目标函数。约束(4-2)确保每道工序只能选择一个工厂的一台机器加工。约束(4-3)和约束(4-4)表示工件的前后工序之间不允许加工重叠。约束(4-5)定义最大完工时间不小于加工时间、装配时间和起重机运输时间之和。约束(4-6)确保每个工件必须等到该工件的上一道工序完成，并且所分配的机器处于空闲状态时才能开始加工。约束(4-7)～约束(4-10)用于计算加工能耗、装配能耗、起重机运输能耗、机器空转能耗。约束(4-11)用于计算总能耗。约束(4-12)表示起重机的初始位置在第一台装配机器上。约束(4-13)确保每个产品分配到一台装配机器上装配。

4.2 算法设计

4.2.1 改进的鲸鱼群优化算法

针对带装配阶段的分布式流水车间调度问题，结合基本 WOA，设计了一种改进的鲸鱼群优化算法(improved whale optimization algorithm, IWOA)。在 IWOA 中，通过嵌入模拟退火算法，提高了算法的全局搜索性能；利用聚类方法把种群划分成若干子种群，提高算法搜索能力。IWOA 分为开发阶段和勘探阶段。在开发阶段，将鲸鱼作为一个子种群进行气泡网攻击，在每个子种群中找到局部最优解，螺旋路径作为不同子种群间的交叉学习过程。在勘探阶段，搜索猎物寻找全局最优解。

4.2.2 问题编码解码和初始化

采用二维数组进行问题编码，其中一个数组表示工件调度序列，另一个数组表示工厂分配序列。工件调度序列用于表示工件的加工顺序，而工厂分配序列则表示工件所分配的工厂编号。如图 4-1 所示，该问题包含 6 个工件、2 个工厂和 3 件装配产品。每个工件应在两台独立的机器上加工，并分别在装配机器上装配。产品顺序为$\{P_2,P_1,P_3\}$。J_3和J_5属于P_2，J_6和J_2属于P_1，其余工件属于P_3。因此，可以通过产品序列和产品分配来获取工件加工序列$\{J_3,J_5,J_6,J_2,J_1,J_4\}$，并根据工件调度序列分配工厂。

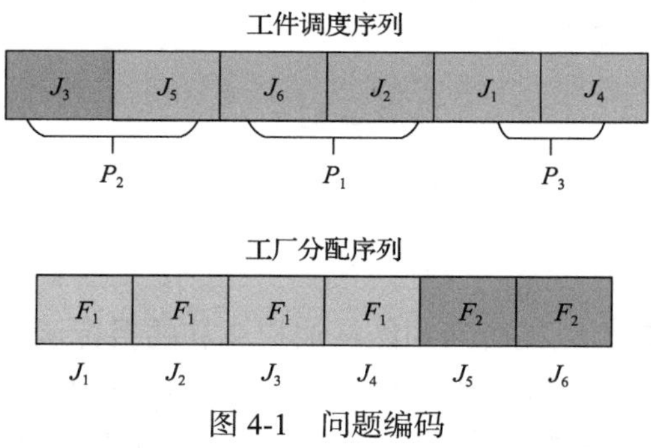

图 4-1 问题编码

解码过程需要同时考虑三个问题，即工件加工、工厂分配和产品装配。在第一阶段中，工件根据加工顺序进行加工。在第二阶段，提出了三种工厂分配策略：

(1) 如果有工厂没有分配工件，则分配工件到该工厂；

(2) 如果所有工厂都分配了工件，则将剩余工件分配给先完工的工厂；

(3) 如果所有工厂具有相同的完工时间，则根据工厂最小耗能的原则将工件分配给工厂。

算法 4-1 给出了解码过程中计算能耗的具体步骤。

算法 4-1　计算能耗

输入： 有效解

输出： 总能耗

```
for 每个工厂 F_f do
    for 每个机器 M_i do
        记录分布式工厂中所有机器的开始时间和结束时间
        for 每个工件 J_j do
            计算总的加工时间
        end
    end
    计算总的等待时间=(完工时间−开工时间)−总的加工时间
    计算总能耗
end
```

在第三阶段，根据产品序列组装产品。如果产品有未完成的工件，则需要起重机将已处理的工件运送到装配机器，并等待同一产品的所有工件都加工完后开始装配。图 4-2(a) 给出了解码生成的一个二维数组，图 4-2(b) 给出了甘特图。

4.2.3　右移策略

为了最大限度地减少总能耗，需要尽可能减少由机器启动和待机引起的能耗。因此，提出了一种考虑机器开关数的右移策略，见算法 4-2。首先，根据产品顺序对产品进行装配，然后从左到右遍历产品，如果相邻两产品之间存在间隙，则在保证完工时间不变的情况下将产品右移，直到没有间隙。显然，这种策略的主要思想是在不改变最终完工时间的前提下，消除工件装配时间之间的间隔。图 4-3 展示了采用右移策略后的甘特图。

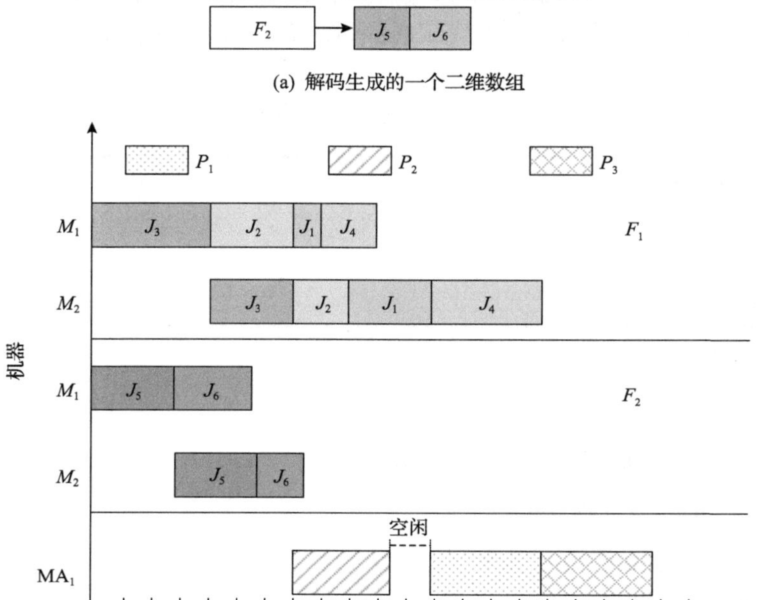

(b) 解码甘特图

图 4-2　解码示意图

算法 4-2　右移策略

输入： 一个解

输出： 一个甘特图

---

for 每个产品 P_h **do**

　　步骤 1　产品中的工件根据开工时间进行升序排序

　　　　for 每个产品 P_h 中的每个工件 J_i **do**

　　　　　　寻找最后的完工时间

　　　　end

```
        步骤 2  根据开工时间排序，安排工件并记录产品中工件的分配
          for 加工过的工件 J_i do
            if 工件 1 的开工时间早于产品中前一个工件的完工时间 then
            等待
            end
          end
        步骤 3  右移策略
          for 最后一个工件 J_n do
            if 工件之间有间隔 then
            右移
            else
            往左遍历
            end
          end
end
```

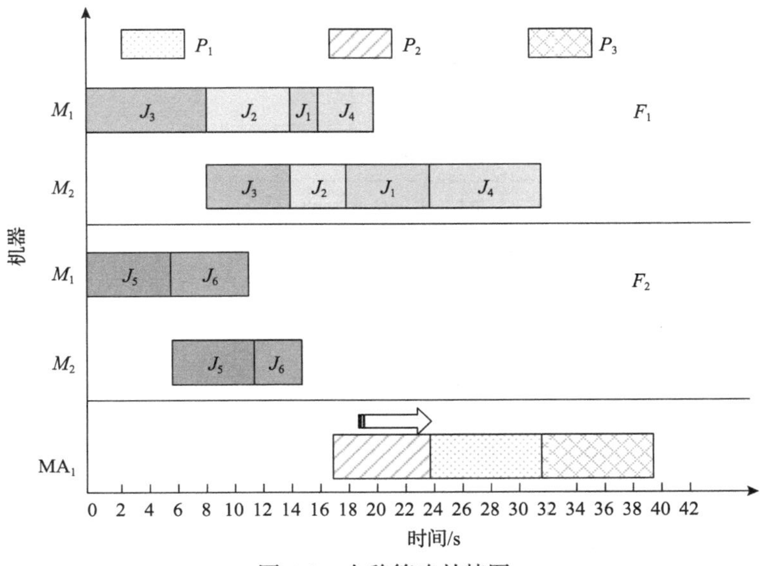

图 4-3　右移策略甘特图

4.2.4 交叉策略

交叉策略广泛用于改进算法的搜索性能[1-6]。为求解带装配阶段的分布式流水车间调度问题，设计了两种交叉操作，如图 4-4 和图 4-5 所示。交叉操作的具体步骤如算法 4-3 所示。

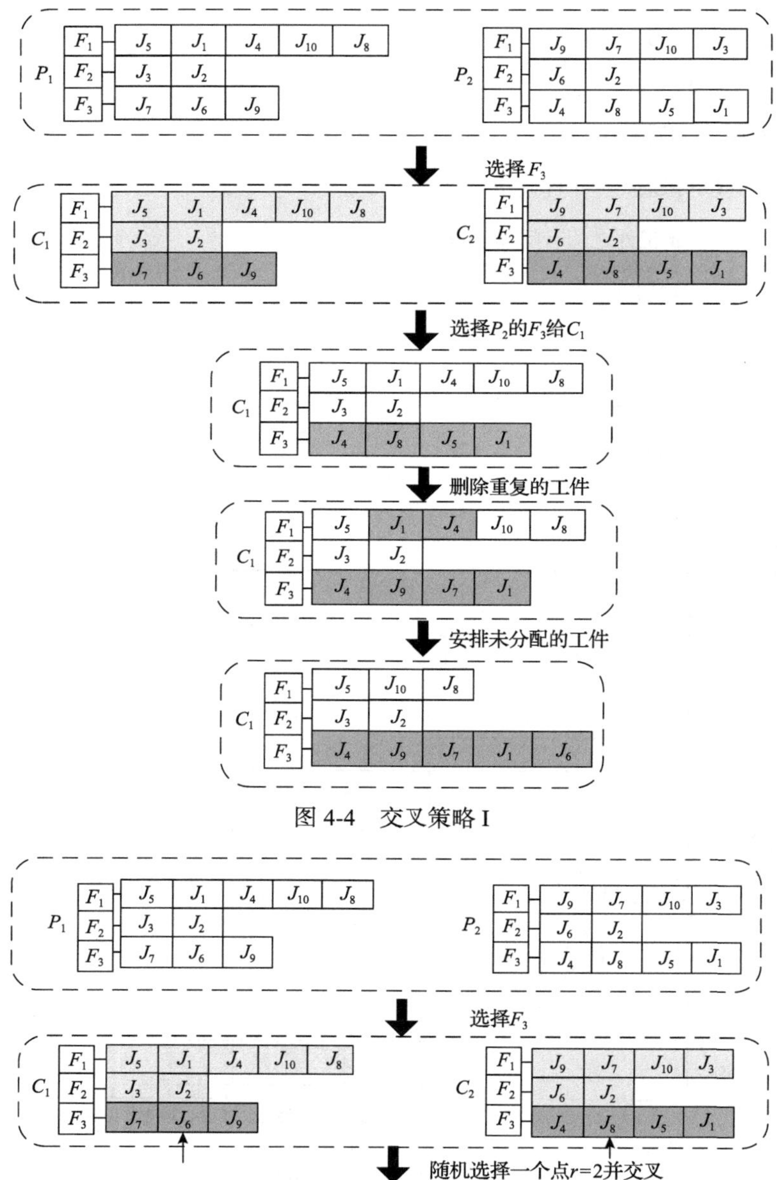

图 4-4 交叉策略 I

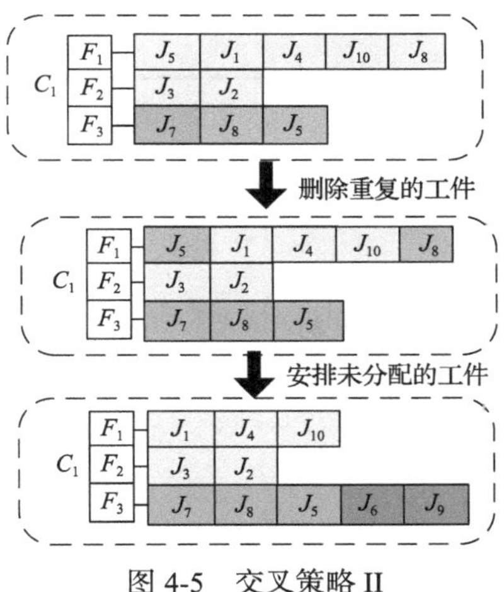

图 4-5　交叉策略 II

算法 4-3　交叉操作

输入： 两个个体 p_1 和 p_2

输出： 更新工件序列

```
随机生成一个数 k，k =0 或 k = 1
if k=0 then
    随机选择一个工厂 F_f
    复制第 f 个工厂的调度给相应的工件调度
    for 其他的工厂 do
        for 对于选择当前工厂的每个工件 J_j do
            if 工件 J_j 已经在第 f 个工厂
            then 删除工件 j
            end
        end
    end
    将未分配的工件分配给第 f 个工厂
end
if k=1 then
```

续表

```
        随机选择一个工厂 F_f
        复制第 f 个工厂的调度给相应的工件调度
        随机选择一个交叉点 r
        for 交叉点 r 后面的所有工件 do
            复制第 f 个工厂的调度给相应的工件调度
        end
        for 其他的工厂 do
            for 当前工件的每个工件 J_j do
                if 工件 J_j 已经在工厂 F_f
                then 删除工件 J_j
                end
            end
        end
        将未分配的工件分配给工厂 F_f
    end
```

4.3 实验分析

4.3.1 实验算例

为验证 IWOA 的有效性，根据实际产品数据生成了 30 个算例[7-8]，算例规模由工件数量(n)、工厂数量(F)以及机器数量(m)构成。30 个算例的规模如下：工件数量 $n=\{20, 50, 80, 100, 200\}$，工厂数量 $F=\{2, 5\}$，机器数量 $m=\{2, 5, 8\}$，装配机器数量为 2。问题目标包括最少的完工时间和能耗，采用加权求和的方式，其中完工时间的权重系数 w_1 设置为 0.8，能耗的权重系数$(1-w_1)$为 0.2。搬运时间设定为[20, 30]s 内的随机数，起重机运输单位能耗设定为 0.3kW·h，待机和加工单位能耗分别为[0.5, 1.5]kW·h 和[2.5, 3.5]kW·h 内的随机数。

4.3.2　实验参数

系统参数包括 SA 算法的温度(T)；划分的鲸鱼子群大小(N)，若种群大小 P_s = 50，子群大小 N=5，则鲸鱼子群数为 P_s/N=10。每个参数设定 4 个水平值，对应每个水平值的参数见表 4-1。通过实验设计(design of experiment，DOE)，分析以上两个参数取值的有效性。由于 T 和 N 参数分别有 4 个水平值，所以使用了正交矩阵进行分析。为了保证结果的公正性，所有分组单独实验 30 次，不同组合得到的平均值作为响应值(response value, RV)。两个参数在不同组合下的 RV 如表 4-2 所示。图 4-6 显示了这两个参数的变化趋势。

表 4-1　水平值参数

水平值	参数	
	T	N
1	0.1	2
2	0.2	5
3	0.3	10
4	0.5	20

表 4-2　正交矩阵和 RV

实验组合编号	影响因子		RV/min
	T	N	
1	0.1	2	1047.59
2	0.1	5	1048.07
3	0.1	10	1046.42
4	0.1	20	1045.67
5	0.2	2	1046.58
6	0.2	5	1044.13
7	0.2	10	1043.80
8	0.2	20	1042.90
9	0.3	2	1047.64
10	0.3	5	1044.02
11	0.3	10	1051.27
12	0.3	20	1042.58
13	0.5	2	1048.56
14	0.5	5	1044.34
15	0.5	10	1043.48
16	0.5	20	1047.43

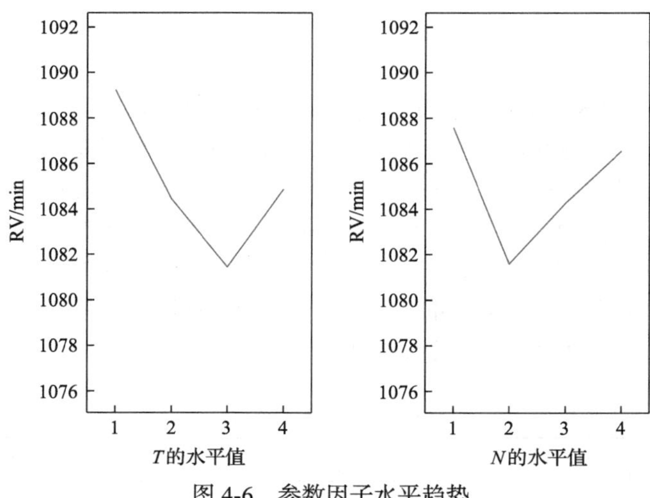

图 4-6 参数因子水平趋势

由图 4-6 可见，在 T 和 N 的参数水平值分别取 3 和 2 的情况下，IWOA 有更好的性能。相应的参数取值分别为 0.3 和 5。

4.3.3 右移策略的有效性

为了验证右移策略在 IWOA 中的有效性，对不带右移策略(IWOA-NR)和带右移策略(IWOA)进行了详细的比较。表 4-3 给出了两种策略在 30 个算例下的实验结果，并给出了这些实验的最优解、目标值和偏差值。

表 4-3 IWOA-NR 和 IWOA 的比较

算例	最优解/min	目标值/min		偏差值/%	
		IWOA-NR	IWOA	IWOA-NR	IWOA
20-2-2	483.75	489.42	483.75	1.17	**0.00**
20-2-5	568.43	576.73	568.43	1.46	**0.00**
20-2-8	661.01	678.41	661.01	2.63	**0.00**
20-5-2	460.68	473.63	460.68	2.81	**0.00**
20-5-5	544.62	572.84	544.62	5.18	**0.00**
20-5-8	640.31	660.50	640.31	3.15	**0.00**
50-2-2	1071.55	1169.60	1071.55	9.15	**0.00**
50-2-5	1164.69	1249.02	1164.69	7.24	**0.00**
50-2-8	1258.27	1352.32	1258.27	7.47	**0.00**
50-5-2	1032.30	1116.58	1032.30	8.16	**0.00**
50-5-5	1138.91	1237.26	1138.91	8.64	**0.00**
50-5-8	1239.96	1302.64	1239.96	5.06	**0.00**

续表

算例	最优解/min	目标值/min		偏差值/%	
		IWOA-NR	IWOA	IWOA-NR	IWOA
80-2-2	1688.21	1962.89	1688.21	16.27	**0.00**
80-2-5	1771.87	1939.48	1771.87	9.46	**0.00**
80-2-8	1868.48	2116.16	1868.48	13.26	**0.00**
80-5-2	1674.67	1835.11	1674.67	9.58	**0.00**
80-5-5	1748.42	1974.33	1748.42	12.92	**0.00**
80-5-8	1830.10	2058.39	1830.10	12.47	**0.00**
100-2-2	2096.80	2432.19	2096.80	16.00	**0.00**
100-2-5	2203.64	2586.31	2203.64	17.37	**0.00**
100-2-8	2318.56	2528.85	2318.56	9.07	**0.00**
100-5-2	2068.48	2391.60	2068.48	15.62	**0.00**
100-5-5	2182.05	2430.51	2182.05	11.39	**0.00**
100-5-8	2194.79	2520.90	2194.79	14.86	**0.00**
200-2-2	4497.66	5243.11	4497.66	16.57	**0.00**
200-2-5	4412.83	5462.05	4412.83	23.78	**0.00**
200-2-8	4502.45	5376.55	4502.45	19.41	**0.00**
200-5-2	4173.13	5210.08	4173.13	24.85	**0.00**
200-5-5	4242.33	5227.34	4242.33	23.22	**0.00**
200-5-8	4372.41	5410.38	4372.41	23.74	**0.00**
平均值	2003.71	2319.51	2003.71	11.73	**0.00**

注：加粗表示偏差值最优解，下同。

从表 4-3 可以看出：①第一列为 30 个算例；②第二列是每个算例运算后得到的最优解；③接着的两列分别表示 IWOA-NR 和 IWOA 的目标值；④最后两列给出了每种算法相应最优解的偏差值，偏差值的计算公式如式(4-14)所示：

$$\mathrm{dev} = (f_c - f_b) / f_b \times 100\% \tag{4-14}$$

式中，f_c 是比较算法的目标值；f_b 是最优解的目标值。

由表 4-3 可见：①30 个算例的最优解均来自 IWOA，而 IWOA-NR 没有得到最优解；②最后两列显示 IWOA 的偏差值均为 0.00%，明显优于 IWOA-NR；③从最后一行的平均性能可见，IWOA 的目标值和偏差值远小于 IWORA-NR。因此，由表 4-3 中数据可以看出，带右移策略的性能明显优于不带右移策略。

为了进一步验证两种方法之间是否存在显著差异，对上述实验数据进行方差分析(analysis of variance, ANOVA)，如图 4-7 所示。根据图 4-7，IWOA 的偏差值均为 0.00%，通过计算得出其 p 值远小于 0.05。与 IWOA-NR 相比，IWOA 具有明显的优越性。

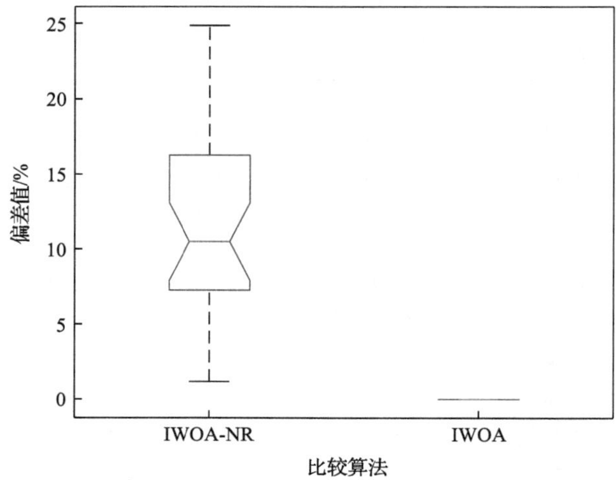

图 4-7　IWOA-NR 和 IWOA 的比较图（p 值=5.2048×10^{-13}）

4.3.4　交叉策略的有效性

为了验证所提交叉策略的有效性，对改进的交叉策略（IWOA）和无交叉策略（IWOA-NC）进行了详细的比较。表 4-4 给出了两种策略在 30 个算例下的实验结果，并给出了这些实验的最优解、目标值和偏差值。

表 4-4　IWOA-NC 和 IWOA 的比较

算例	最优解/min	目标值/min		偏差值/%	
		IWOA-NC	IWOA	IWOA-NC	IWOA
20-2-2	478.15	478.15	483.75	**0.00**	1.17
20-2-5	560.43	560.43	568.43	**0.00**	1.43
20-2-8	659.41	659.41	661.01	**0.00**	0.24
20-5-2	444.68	444.68	460.68	**0.00**	3.60
20-5-5	531.02	531.02	544.62	**0.00**	2.56
20-5-8	628.29	628.29	640.31	**0.00**	1.91
50-2-2	1071.55	1077.15	1071.55	0.52	**0.00**
50-2-5	1164.69	1167.09	1164.69	0.21	**0.00**
50-2-8	1258.27	1263.87	1258.27	0.45	**0.00**
50-5-2	1032.30	1052.30	1032.30	1.94	**0.00**
50-5-5	1138.91	1165.32	1138.91	2.32	**0.00**
50-5-8	1224.73	1224.73	1239.96	**0.00**	1.24
80-2-2	1688.21	1731.41	1688.21	2.56	**0.00**
80-2-5	1771.87	1776.65	1771.87	0.27	**0.00**

续表

算例	最优解/min	目标值/min		偏差值/%	
		IWOA-NC	IWOA	IWOA-NC	IWOA
80-2-8	1868.48	1899.69	1868.48	1.67	**0.00**
80-5-2	1674.67	1704.28	1674.67	1.77	**0.00**
80-5-5	1748.42	1765.23	1748.42	0.96	**0.00**
80-5-8	1823.64	1823.64	1830.10	**0.00**	0.35
100-2-2	2096.80	2188.35	2096.80	4.37	**0.00**
100-2-5	2203.64	2226.83	2203.64	1.05	**0.00**
100-2-8	2318.56	2366.91	2318.56	2.09	**0.00**
100-5-2	2068.48	2100.49	2068.48	1.55	**0.00**
100-5-5	2182.05	2211.65	2182.05	1.36	**0.00**
100-5-8	2194.79	2259.53	2194.79	2.95	**0.00**
200-2-2	4497.66	4668.84	4497.66	3.81	**0.00**
200-2-5	4412.83	4744.08	4412.83	7.51	**0.00**
200-2-8	4502.45	4659.24	4502.45	3.48	**0.00**
200-5-2	4173.13	4276.29	4173.13	2.47	**0.00**
200-5-5	4242.33	4453.55	4242.33	4.98	**0.00**
200-5-8	4372.41	4400.48	4372.41	0.64	**0.00**
平均值	2001.10	2050.32	2003.71	1.63	0.42

由表 4-4 可见：①在给定的 30 个算例中，IWOA-NC 只有 8 个最优解，而 IWOA 获得了 22 个最优解；②最后一行显示，IWOA 的平均值远小于 IWOA-NC。从表中数据可以看出，交叉策略可以提高算法的性能。

为了进一步证明交叉策略可以提高算法的性能，图 4-8 给出了 IWOA 和 IWOA-NC 的比较结果。计算出 p 值远小于 0.05，说明了交叉策略的高效性。

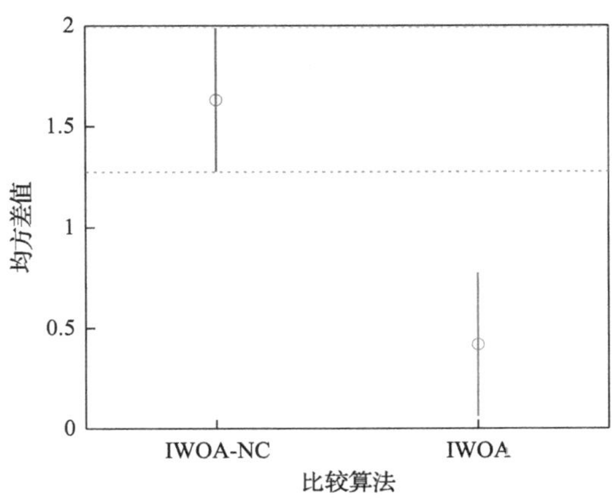

图 4-8　IWOA-NC 和 IWOA 的比较图（p 值=0.0012）

4.3.5 与其他有效算法的对比

为了测试所提 IWOA 求解 2.3 节的 DAFSP-CT 问题的性能，设计了三种不同对比算法，即 Agnetis 等[9]在 2016 年提出的改进人工蜂群(improved artificial bee colony，IABC)算法，Wang 等[10]在 2018 年设计的变邻域搜索(VNS-W)算法和 Sheikh 等[11]在 2019 年设计的迭代贪心(IG-S)算法。为了确保对比结果的公平性，所有对比算法采用相同的运行环境。表 4-5 展示了四种对比算法的实验结果，第一列给出了每个算例名，第二列给出了比较算法得到的最优解，接着的四列是对比算法所得的目标值，最后四列展示出四种对比算法得到的偏差值。

表 4-5　四种算法的实验结果对比

算例	最优解/min	目标值/min				偏差值/%			
		IABC	IG-S	VNS-W	IWOA	IABC	IG-S	VNS-W	IWOA
20-2-2	474.96	474.96	480.56	504.551	483.75	**0.00**	1.18	6.23	1.85
20-2-5	559.66	559.66	568.45	586.059	568.43	**0.00**	1.57	4.72	1.57
20-2-8	655.45	655.45	661.01	673.822	661.01	**0.00**	0.85	2.80	0.85
20-5-2	397.48	397.48	455.09	449.49	460.68	**0.00**	14.49	13.08	15.90
20-5-5	491.80	491.80	544.62	530.238	544.62	**0.00**	10.74	7.82	10.74
20-5-8	594.69	594.69	640.31	650.721	640.31	**0.00**	7.67	9.42	7.67
50-2-2	1071.55	1134.75	1182.80	1334.78	1071.55	5.90	10.38	24.57	**0.00**
50-2-5	1161.50	1161.50	1223.92	1412.69	1164.69	**0.00**	5.37	21.63	0.27
50-2-8	1258.27	1279.87	1375.96	1504.67	1258.27	1.72	9.35	19.58	**0.00**
50-5-2	970.70	970.70	1106.72	1250.75	1032.30	**0.00**	14.01	28.85	6.35
50-5-5	1094.93	1094.93	1190.15	1410.95	1138.91	**0.00**	8.70	28.86	4.02
50-5-8	1172.71	1172.71	1351.16	1502.39	1239.96	**0.00**	15.22	28.11	5.73
80-2-2	1688.21	1943.50	1957.91	2322.63	1688.21	15.12	15.98	37.58	**0.00**
80-2-5	1771.87	1922.32	2080.81	2515.17	1771.87	8.49	17.44	41.95	**0.00**
80-2-8	1868.48	2011.81	2177.41	2464.68	1868.48	7.67	16.53	31.91	**0.00**
80-5-2	1674.67	1748.30	1945.11	2237.91	1674.67	4.40	16.15	33.63	**0.00**
80-5-5	1748.42	1802.82	2023.76	2251.71	1748.42	3.11	15.75	28.79	**0.00**
80-5-8	1830.10	1862.00	2085.40	2442.04	1830.10	1.74	13.95	33.44	**0.00**
100-2-2	2096.80	2592.13	2540.03	2884.15	2096.80	23.62	21.14	37.55	**0.00**
100-2-5	2203.64	2506.99	2694.22	3091.05	2203.64	13.77	22.26	40.27	**0.00**
100-2-8	2318.56	2533.21	2785.95	3228.34	2318.56	9.26	20.16	39.24	**0.00**

续表

算例	最优解/min	目标值/min				偏差值/%			
		IABC	IG-S	VNS-W	IWOA	IABC	IG-S	VNS-W	IWOA
100-5-2	2068.48	2222.08	2440.52	2724.73	2068.48	7.43	17.99	31.73	**0.00**
100-5-5	2182.05	2268.42	2507.78	2863.86	2182.05	3.96	14.93	31.25	**0.00**
100-5-8	2194.79	2280.42	2570.98	2933.35	2194.79	3.90	17.14	33.65	**0.00**
200-2-2	4497.66	5892.09	5760.89	6530.57	4497.66	31.00	28.09	45.20	**0.00**
200-2-5	4412.83	5832.35	5902.53	6607.4	4412.83	32.17	33.76	49.73	**0.00**
200-2-8	4502.45	5658.60	5772.58	6389.92	4502.45	25.68	28.21	41.92	**0.00**
200-5-2	4173.13	5859.89	5630.97	6397.99	4173.13	40.42	34.93	53.31	**0.00**
200-5-5	4242.33	5712.80	5574.68	6257.78	4242.33	34.56	31.41	47.51	**0.00**
200-5-8	4372.41	5397.33	5705.07	6069.63	4372.41	23.44	30.48	38.82	**0.00**
平均值	1991.69	2334.52	2431.25	2734.13	2003.71	9.92	16.53	29.77	1.83

由表 4-5 可见：①IWOA 在 30 个算例中获得了 20 个最优解，IABC 算法得到了 10 个最优解，而 IG-S 和 VNS-W 算法没有得到最优解；②偏差值比较结果和最后一行平均值的比较，进一步验证了 IWOA 的有效性。

图 4-9 给出了四种算法比较 ANOVA 图，图中显示 p 值远小于 0.05，表明 IWOA 与其他三种算法相比具有明显的优越性。为了进一步对比 IWOA 与 IABC 算法的性能，图 4-10 给出了 IWOA 和 IABC 比较 ANOVA 图。

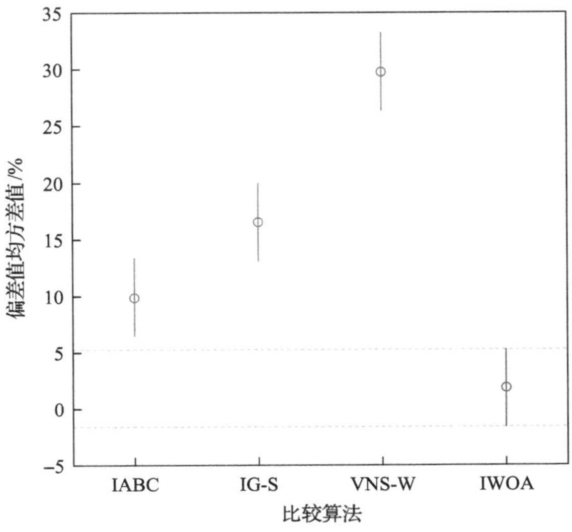

图 4-9　四种算法比较 ANOVA 图（p 值=4.65×10^{-17}）

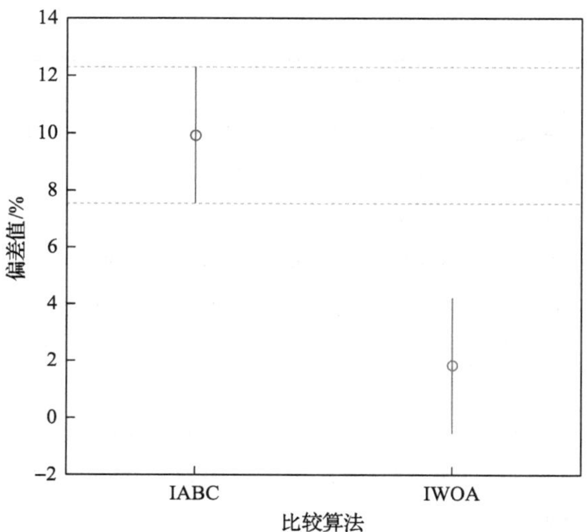

图 4-10 IWOA 和 IABC 比较 ANOVA 图（p 值=0.0012）

4.4 本章小结

为了研究 DAFSP-CT，以最小化完工时间和总能耗的加权值为优化目标，采用改进的鲸鱼群优化算法进行求解。首先，用二维数组表示每个解，其中包含工件调度和工厂分配序列。其次，采用聚类方法对改进后的算法进行了划分，提高了算法的性能。进一步，设计了一种新的交叉算子，提高了算法的整体性能。最后，基于实际生产过程，生成了 30 个不同规模的算例来测试所提出算法的性能。与其他算法的比较结果证明了所提出算法具有较高的性能。

参考文献

[1] Wang S J, Wu R C, Chu F, et al. Variable neighborhood search-based methods for integrated hybrid flow shop scheduling with distribution[J]. Soft Computing, 2020, 24(12): 8917-8936.

[2] Yin Y Q, Wang Y, Cheng T C E, et al. Two-agent single-machine scheduling to minimize the batch delivery cost[J]. Computers & Industrial Engineering, 2016, 92: 16-30.

[3] Qi X L, Yuan J J. A further study on two-agent scheduling on an unbounded serial-batch machine with batch delivery cost[J]. Computers & Industrial Engineering, 2017, 111: 458-462.

[4] Basir S A, Mazdeh M M, Namakshenas M. Bi-level genetic algorithms for a two-stage assembly flow-shop scheduling problem with batch delivery system[J]. Computers & Industrial Engineering, 2018, 126: 217-231.

[5] Noroozi A, Mazdeh M M, Heydari M, et al. Coordinating order acceptance and integrated

production-distribution scheduling with batch delivery considering third party logistics distribution[J]. Journal of Manufacturing Systems, 2018, 46: 29-45.

[6] 石建力，张锦. 行驶时间和服务时间随机的集配货一体的分批配送车辆路径优化[J]. 控制与决策, 2018, 33(4): 657-670.

[7] Kong L L, Li H, Luo H B, et al. Sustainable performance of just-in-time(JIT) management in time-dependent batch delivery scheduling of precast construction[J]. Journal of Cleaner Production, 2018, 193: 684-701.

[8] Kazemi H, Mazdeh M M, Rostami M. The two stage assembly flow-shop scheduling problem with batching and delivery[J]. Engineering Applications of Artificial Intelligence, 2017, 63: 98-107.

[9] Agnetis A, Aloulou M A, Fu L L. Production and interplant batch delivery scheduling: Dominance and cooperation[J]. International Journal of Production Economics, 2016, 182: 38-49.

[10] Wang K, Luo H, Liu F, et al. Permutation flow shop scheduling with batch delivery to multiple customers in supply chains[J]. IEEE Transactions on Systems, Man, and Cybernetics: Systems, 2018, 48(10): 1826-1837.

[11] Sheikh S, Komaki G M, Kayvanfar V, et al. Multi-stage assembly flow shop with setup time and release time[J]. Operations Research Perspectives, 2019, 6: 100111.

第5章　带分批交付约束的分布式流水车间调度问题

本章是在第4章的基础上，考虑了分批交付约束，将装配好的产品分批次提交给客户。分批交付就是把生产完的产品根据客户的订单信息分批次提交给客户，一个客户的所有订单不会一次性交付，而是分成不同的批次交付。分批是根据完工时间和批量交付的成本决定的。

本章内容主要分成如下三部分：

(1) 问题建模。定义了约束条件和优化目标，通过加权求和的方法求解多目标值。

(2) 算法设计。根据 DFSP-BD 的问题特征，提出了编码解码机制，改进了鲸鱼群优化算法，设计了邻域结构，提出了基于改进鲸鱼群优化算法的局部搜索策略，提高了算法的有效性。

(3) 实验分析。根据实验算例，分析算法、策略等的有效性。

5.1　带分批交付约束的分布式流水车间调度问题建模

1) 参数和变量

H'　批次数量

h'　批次索引

k''　客户索引

UB　分批交付单位时间的成本

TC　分批交付的总成本

$\mathrm{DC}_{h',k''}$　批次 $H'_{h'}$ 到客户 $K_{k''}$ 的运输成本

$T_{h',k''}$　批次 $H'_{h'}$ 到客户 $K_{k''}$ 的运输时间

$p_{j,i,f}$　工件 J_j 在工厂 F_f 的机器 M_i 上的加工时间

$\alpha_{j,h'}$　二进制变量。如果工件 J_j 分配到批次 $H'_{h'}$，则 $\alpha_{j,h'}=1$；否则为 0

2) 模型

目标：

$$\mathrm{obj}=\min(w_1 C_{\max}+(1-w_1)\times \mathrm{TC}) \tag{5-1}$$

约束：

$$\sum_{h'=1}^{H'} \alpha_{j,h'} = 1 \tag{5-2}$$

$$C_{1,i,f} = p_{1,i,f}, \quad \forall f, i \tag{5-3}$$

$$C_{j,i,f} \geqslant C_{j,i-1,f} + p_{j,i,f}, \quad i \in \{2,3,\cdots,n\}, \forall f, j \tag{5-4}$$

$$C_{i,k''} \geqslant T_{h',k''}, \quad \forall i, k'', h' \tag{5-5}$$

$$\mathrm{DC}_{h',k''} = \mathrm{UB} \times T_{h',k''}, \quad \forall h', k'' \tag{5-6}$$

$$\mathrm{TC} \geqslant \sum_{k''=1}^{K} \mathrm{DC}_{h',k''} \tag{5-7}$$

$$C_{\max} \geqslant C_{j,i,f} + \sum_{k''=1}^{K} T_{h',k''}, \quad \forall i, j, h', f \tag{5-8}$$

目标函数(5-1)是将完工时间和分批交付总成本的加权值最小化。约束(5-2)确保工件加工成产品后分批交付给客户。约束(5-3)规定在每个分布式工厂的首台机器上，工件的开工时间为 0。约束(5-4)指定同一台机器上连续加工的工件之间完工时间的关系。约束(5-5)定义产品完工时间和分批交付给客户的时间的关系。约束(5-6)为产品分批交付给客户的成本。约束(5-7)确定总成本和分批交付成本的关系。约束(5-8)用来计算最大完工时间。

5.2 算法设计

5.2.1 编码解码

在 DFSP-BD 中，通过三个数组来表示工厂分配、工件加工序列和批次分配信息，如图 5-1 所示。第一个数组将工件分配给分布式工厂。第二个数组安排每

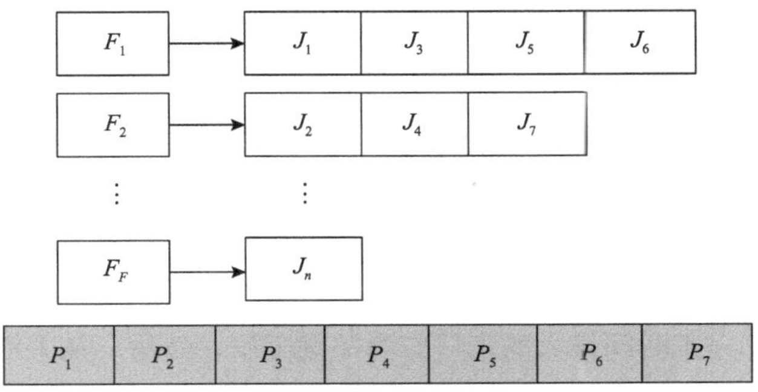

图 5-1　DFSP-BD 中的解表示

个工厂内工件的加工顺序。最后一个数组将加工完的产品分成不同的批次进行分批交付。不同的颜色代表不同的批次。P_1和P_2属于H_2'，P_3和P_4属于H_1'，其余的产品属于H_3'。最后根据每个批次的完工时间以及在交付过程中的成本合理安排交付顺序分批交付给客户。

5.2.2　解的初始化

1）工厂分配初始化

把所有工件分配给加工工厂。记录各个工件在当前工厂的加工时间并进行降序排列，将工件插入加工时间最小的工厂，重复该操作直至工件分配完毕。

2）工件加工顺序初始化

工件分配好工厂后，确定工件的加工顺序进行产品加工。工件加工顺序按各个工件总加工时间的升序确定。

3）批次交付顺序初始化

产品加工完后，将产品分批次交付给客户。批次的交付顺序根据该产品最后一个加工阶段的加工时间确定。

解的初始化操作流程如下：

步骤 1　生成以上三个数组；

步骤 2　根据 WOA 随机寻找搜索代理，如果该代理不存在于目前解集中，就将该搜索代理插入；如果存在，则寻找下一个搜索代理；

步骤 3　重复以上步骤，直到解集大小超过种群规模。

5.2.3　邻域结构

根据问题特征，设计了如下六种不同的邻域结构。

1）同一批次中交换不同的产品

首先，选择完工时间最大的批次作为关键批次。然后，从关键批次中随机选择两个位置进行产品互换，计算完工时间，直到找到最小完工时间，如图 5-2 所示。

2）不同批次中交换不同的产品

首先，选择完工时间最大的关键批次H_1'和完工时间最小的批次H_2'；然后，从批次H_1'和H_2'中分别随机选择两个产品P_3和P_6；之后，交换P_3和P_6，并遍历所有位置计算完工时间；最后，选择最小完工时间的位置来交换产品，如图 5-3 所示。

3）同一工厂交换不同的工件

首先，选择完工时间最大的工厂作为关键工厂；然后，从关键工厂随机抽取两个位置互换工件，计算完工时间，直至找到最小完工时间，如图 5-4 所示。

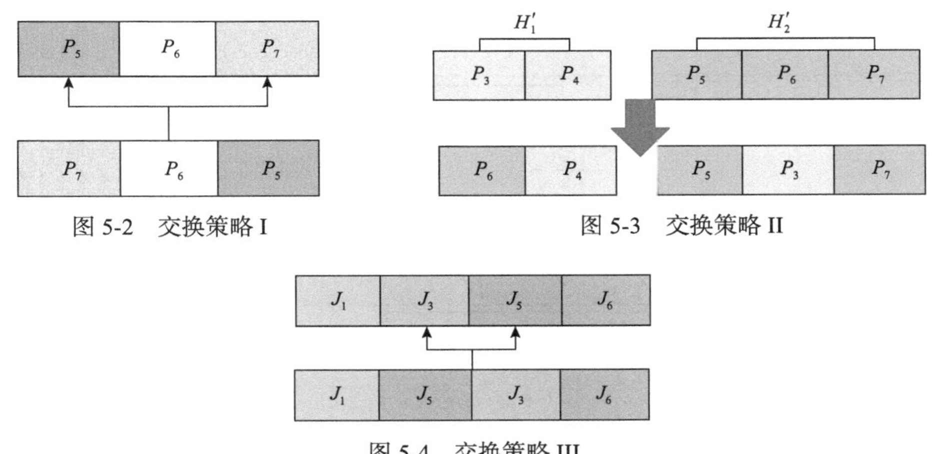

图 5-2　交换策略 I

图 5-3　交换策略 II

图 5-4　交换策略 III

4) 不同工厂中交换不同的工件

首先，选择完工时间最大的工厂作为关键工厂 F_1，随机选择另外一个工厂 F_2；然后，在两个工厂内随机选择两个工件；之后，遍历所有工件位置并计算完工时间；最后，选择完工时间最小的位置交换工件，如图 5-5 所示。

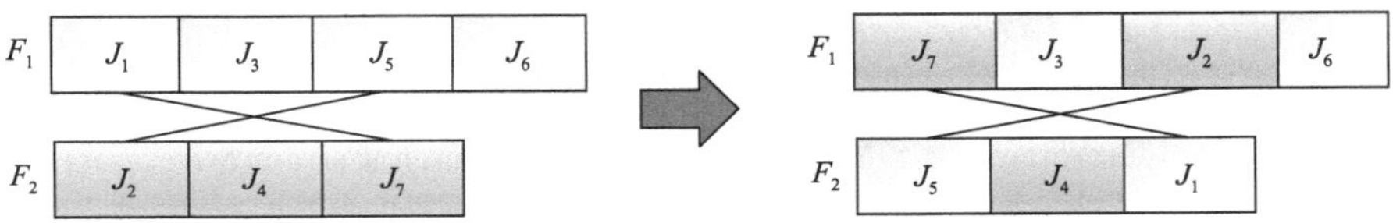

图 5-5　交换策略 IV

5) 产品插入

首先，选择完工时间最大的批次作为关键批次。遍历关键批次的所有位置，取出每个产品，并将其存储在中间数组中。然后，将中间数组中的产品插入所有其他批次的所有位置，从而选择要插入的完工时间最小的批次的位置。最后，如果目标值得到改善，则选择最好的位置插入产品。具体如图 5-6 所示。

6) 工件插入

首先，选择完工时间最大的工厂作为关键工厂。遍历关键工厂的所有位置，从关键工厂中取出所有工件，并将其存储在中间数组中。然后，将中间数组中的工件插入所有其他工厂的所有位置，从而选择要插入的完工时间最小的工厂的位置。最后，如果目标值得到改善，则选择最好的工厂位置插入工件。具体如图 5-7 所示。

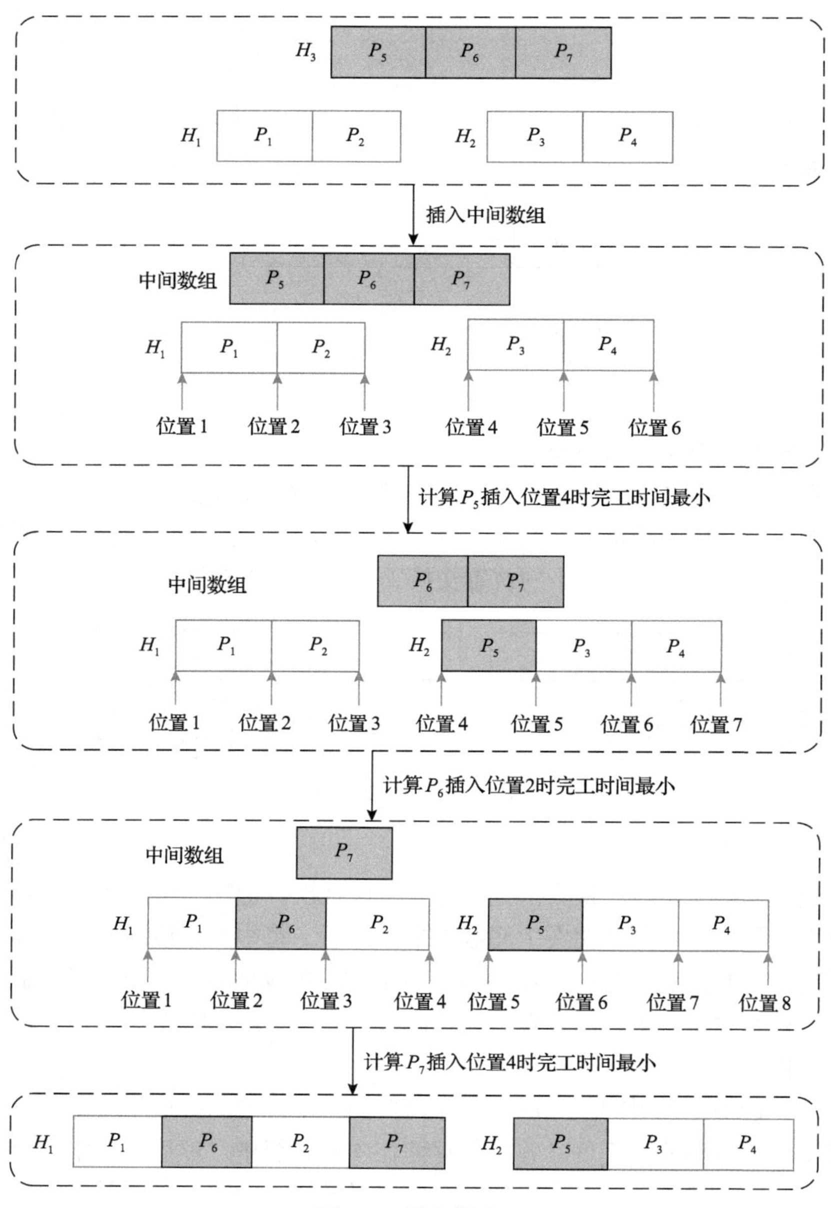

H_3 P_5 P_6 P_7
H_1 P_1 P_2 H_2 P_3 P_4
插入中间数组
中间数组 P_5 P_6 P_7
H_1 P_1 P_2 H_2 P_3 P_4
位置1 位置2 位置3 位置4 位置5 位置6
计算P_5插入位置4时完工时间最小
中间数组 P_6 P_7
H_1 P_1 P_2 H_2 P_5 P_3 P_4
位置1 位置2 位置3 位置4 位置5 位置6 位置7
计算P_6插入位置2时完工时间最小
中间数组 P_7
H_1 P_1 P_6 P_2 H_2 P_5 P_3 P_4
位置1 位置2 位置3 位置4 位置5 位置6 位置7 位置8
计算P_7插入位置4时完工时间最小
H_1 P_1 P_6 P_2 P_7 H_2 P_5 P_3 P_4

图 5-6　插入策略 I

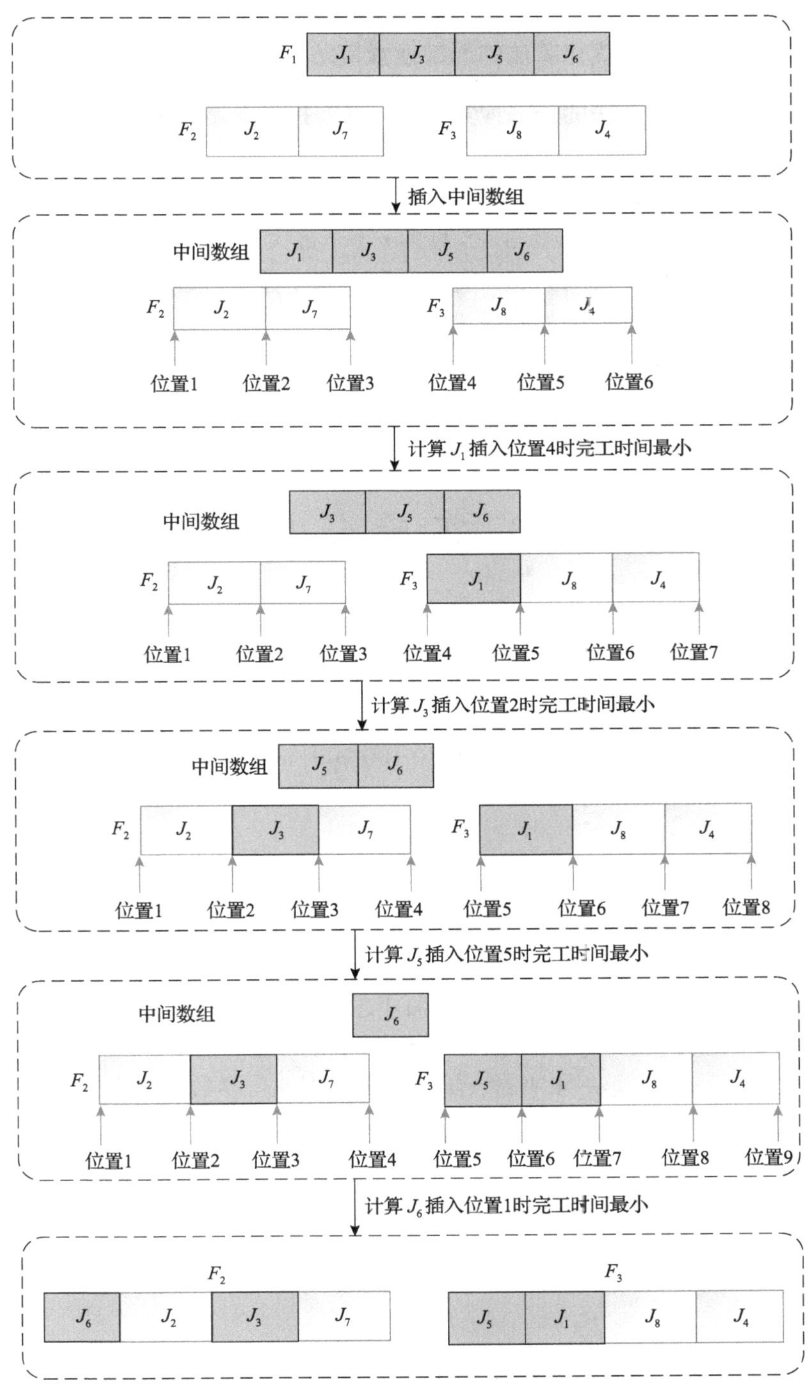

F_1 J_1 J_3 J_5 J_6
F_2 J_2 J_7
F_3 J_8 J_4
插入中间数组
中间数组 J_1 J_3 J_5 J_6
位置1 位置2 位置3 位置4 位置5 位置6
计算 J_1 插入位置4时完工时间最小
中间数组 J_3 J_5 J_6
位置1 位置2 位置3 位置4 位置5 位置6 位置7
计算 J_3 插入位置2时完工时间最小
中间数组 J_5 J_6
位置1 位置2 位置3 位置4 位置5 位置6 位置7 位置8
计算 J_5 插入位置5时完工时间最小
中间数组 J_6
位置1 位置2 位置3 位置4 位置5 位置6 位置7 位置8 位置9
计算 J_6 插入位置1时完工时间最小
F_2 J_6 J_2 J_3 J_7
F_3 J_5 J_1 J_8 J_4

图 5-7　插入策略 II

5.2.4　基于改进鲸鱼群优化算法的局部搜索策略

为了进一步提高算法的局部搜索能力，本节提出了基于 IWOA 的局部搜索操作，主要步骤如下：

步骤 1　定义系统参数；

步骤 2　令 t=0，执行步骤 3～5 直到 t 小于最大迭代次数；

步骤 3　重复步骤 3.1 和 3.2，直到循环完每个搜索代理；

步骤 3.1　选择 5.2.3 节的任意邻域结构；

步骤 3.2　根据选择的邻域结构，生成多个邻域解并存入搜索代理中；

步骤 4　计算每个搜索代理的目标值，并进行升序排列；

步骤 5　更新位置向量。

5.3　实 验 分 析

5.3.1　实验算例

为了测试所提出算法(IWOA with neighborhood structures, IWOA-NS)在求解 DFSP-BD 中的有效性，随机选择 30 个不同规模的算例，算例规模如下：工厂数量 F ={2,5}；工件数量 n={20,50,80,100,200}；机器数量 m={2,5,8}，客户数量为 2。

5.3.2　实验参数

算法有两个主要参数：温度(T)和种群大小(N)。对于温度和种群大小，分别设置 4 个参数水平，如表 5-1 所示。将两个参数的不同值组合起来得到不同的参数值。每个参数组独立运行 30 次得到平均值作为 RV。表 5-2 列出了 16 组参数的 RV，并通过图 5-8 中的折线图对参数进行了分析。从表 5-2 和图 5-8 中可以得出，当参数 T 在第四水平、N 在第一水平时，结果最好。因此，参数设置为 T=0.7，N=3。

表 5-1　参数值

水平值	参数	
	T	N
1	0.1	3
2	0.3	6
3	0.5	9
4	0.7	10

表 5-2　正交阵列和 RV 值

实验组合编号	参数		RV/min
	T	*N*	
1	0.1	3	1822.76
2	0.1	6	1892.69
3	0.1	9	1893.34
4	0.1	10	1894.67
5	0.3	3	1892.02
6	0.3	6	1891.24
7	0.3	9	1908.07
8	0.3	10	1894.51
9	0.5	3	1900.18
10	0.5	6	1899.58
11	0.5	9	1898.97
12	0.5	10	1899.16
13	0.7	3	1827.29
14	0.7	6	1825.13
15	0.7	9	1826.56
16	0.7	10	1826.73

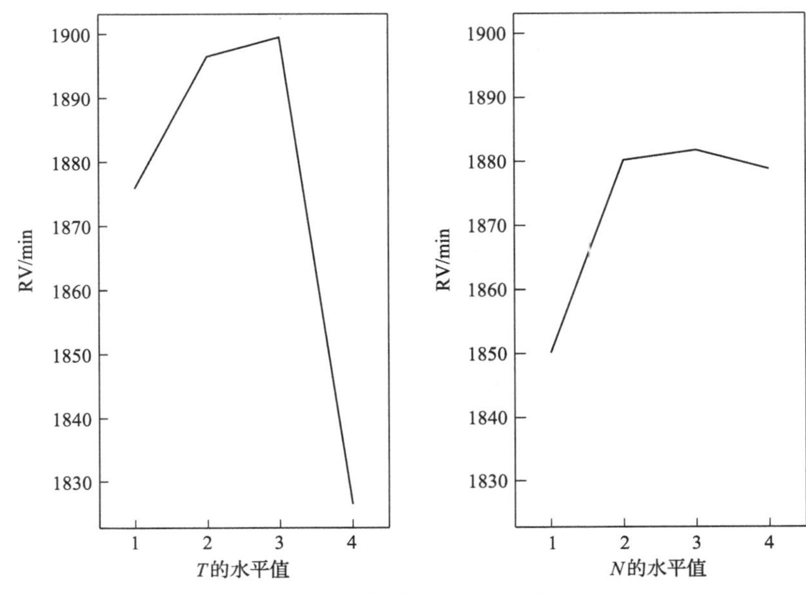

图 5-8　参数因子水平趋势

5.3.3 邻域结构的有效性

为了验证邻域结构的有效性，比较了 IWOA-NS 和无邻域结构（IWOA）的有效性。分别独立运行 30 个实验算例，得到最大值、最小值以及平均值，然后计算最优解和偏差值。如表 5-3 所示，第一列是以工件、机器和工厂的数量命名的算例

表 5-3 IWOA-NS 和 IWOA 的比较

算例	最优解/min	目标值/min		偏差值/%	
		IWOA-NS	IWOA	IWOA-NS	IWOA
20-2-2	432.54	432.54	544.54	**0.00**	25.89
20-2-5	507.62	507.62	662.04	**0.00**	30.42
20-2-8	613.81	613.81	763.42	**0.00**	24.37
20-5-2	369.47	369.47	369.49	**0.00**	0.01
20-5-5	467.78	467.78	467.84	**0.00**	0.01
20-5-8	569.82	569.82	589.89	**0.00**	3.52
50-2-2	1014.74	1014.74	1336.34	**0.00**	31.69
50-2-5	1043.07	1043.07	1434.31	**0.00**	37.51
50-2-8	1172.63	1172.63	1655.01	**0.00**	41.14
50-5-2	849.88	849.88	942.69	**0.00**	10.92
50-5-5	987.63	987.63	1114.89	**0.00**	12.89
50-5-8	1061.40	1061.40	1253.54	**0.00**	18.10
80-2-2	1674.59	1674.59	2306.60	**0.00**	37.74
80-2-5	1651.03	1651.03	2531.86	**0.00**	53.35
80-2-8	1755.69	1755.69	2443.77	**0.00**	39.19
80-5-2	1334.64	1334.64	1601.08	**0.00**	19.96
80-5-5	1465.17	1465.17	1666.84	**0.00**	13.76
80-5-8	1531.57	1531.57	1920.47	**0.00**	25.39
100-2-2	2097.55	2097.55	2808.03	**0.00**	33.87
100-2-5	2091.65	2091.65	2994.88	**0.00**	43.18
100-2-8	2180.19	2180.19	3229.81	**0.00**	48.14
100-5-2	1631.66	1631.66	1910.11	**0.00**	17.07
100-5-5	1750.76	1750.76	2009.31	**0.00**	14.77
100-5-8	1809.80	1809.80	2199.73	**0.00**	21.55
200-2-2	4439.25	4439.25	6032.87	**0.00**	35.90
200-2-5	4251.25	4251.25	6216.12	**0.00**	46.22
200-2-8	4272.08	4272.08	6072.29	**0.00**	42.14
200-5-2	3385.87	3385.87	4409.08	**0.00**	30.22
200-5-5	3331.87	3331.87	4315.98	**0.00**	29.54
200-5-8	3461.11	3461.11	4496.65	**0.00**	29.92
平均值	1773.54	1773.54	2343.32	**0.00**	27.28

规模。接着列出了所有算例的最优解，接下来两列是两个算法的目标值，最后两列是每个算法的偏差值。

从表 5-3 可以看出：①对于给定的 30 个算例，IWOA-NS 取得了所有 30 个最优解；②由最后一行的平均性能比较可见，IWOA-NS 的平均性能显著优于 IWOA。图 5-9 所示为方差分析图，95%最小显著差异（least significant difference，LSD）置信区间比较结果进一步表明 IWOA-NS 具有较好的性能。

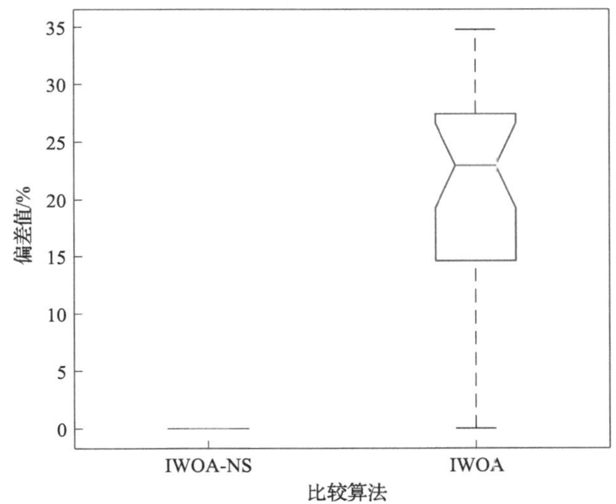

图 5-9　比较 IWOA-NS 和 IWOA 的均值和 95% LSD 置信区间

5.3.4　与其他算法的对比

为了进一步验证 IWOA-NS 的性能，分别与其他两种典型算法（Yurtkuran 等[1]于 2018 年提出的 ABC 算法（ABC-Y）、Kazemi 等[2]于 2017 年提出的 ICA 算法（ICA-K））进行了比较。实验结果如表 5-4 所示。由表 5-4 可见：①对于给定的 30 个算例，IWOA-NS 获得了 28 个最优解，而 ABC-Y 算法只获得了 3 个最优解，ICA-K 仅仅获得了 1 个最优解；②由平均性能可见，IWOA-NS 与其他两种对比算法相比具有显著的优势。

表 5-4　IWOA-NS 和其他算法的比较

算例	最优解/min	目标值/min			偏差值/%		
		IWOA-NS	ABC-Y	ICA-K	IWOA-NS	ABC-Y	ICA-K
20-2-2	432.54	432.54	432.55	434.95	**0.00**	0.00（0.0023）	0.56
20-2-5	504.43	507.62	504.43	514.84	0.63	**0.00**	2.06
20-2-8	612.19	613.81	612.19	619.41	0.26	**0.00**	1.18

续表

算例	最优解/min	目标值/min			偏差值/%		
		IWOA-NS	ABC-Y	ICA-K	IWOA-NS	ABC-Y	ICA-K
20-5-2	369.47	369.47	369.47	369.48	**0.00**	**0.00**	0.00(0.0027)
20-5-5	467.78	467.78	467.79	467.78	**0.00**	0.00(0.0021)	**0.00**
20-5-8	569.82	569.82	569.85	569.83	**0.00**	0.01	0.00(0.0018)
50-2-2	1014.74	1014.74	1168.34	1205.14	**0.00**	15.14	18.76
50-2-5	1043.07	1043.07	1160.68	1209.50	**0.00**	11.28	15.96
50-2-8	1172.63	1172.63	1275.05	1327.08	**0.00**	8.73	13.17
50-5-2	849.88	849.88	849.89	849.89	**0.00**	0.00(0.0012)	0.00(0.0012)
50-5-5	987.63	987.63	987.65	987.66	**0.00**	0.00(0.0020)	0.00(0.0030)
50-5-8	1061.40	1061.40	1061.44	1061.50	**0.00**	0.00(0.0038)	0.01
80-2-2	1674.59	1674.59	2021.82	2017.82	**0.00**	20.74	20.50
80-2-5	1651.03	1651.03	2043.86	2098.29	**0.00**	23.79	27.09
80-2-8	1755.69	1755.69	2014.91	2083.69	**0.00**	14.76	18.68
80-5-2	1334.64	1334.64	1394.65	1442.66	**0.00**	4.50	8.09
80-5-5	1465.17	1465.17	1474.81	1522.02	**0.00**	0.66	3.88
80-5-8	1531.57	1531.57	1538.04	1602.78	**0.00**	0.42	4.65
100-2-2	2097.55	2097.55	2533.61	2594.44	**0.00**	20.79	23.69
100-2-5	2091.65	2091.65	2598.88	2652.45	**0.00**	24.25	26.81
100-2-8	2180.19	2180.19	2680.16	2703.52	**0.00**	22.93	24.00
100-5-2	1631.66	1631.66	1711.68	1751.67	**0.00**	4.90	7.36
100-5-5	1750.76	1750.76	1792.45	1864.44	**0.00**	2.38	6.49
100-5-8	1809.80	1809.80	1837.14	1921.98	**0.00**	1.51	6.20
200-2-2	4439.25	4439.25	5747.23	5662.46	**0.00**	29.46	27.55
200-2-5	4251.25	4251.25	5612.87	5738.51	**0.00**	32.03	34.98
200-2-8	4272.08	4272.08	5496.89	5551.39	**0.00**	28.67	29.95
200-5-2	3385.87	3385.87	3980.29	4043.49	**0.00**	17.56	19.42
200-5-5	3331.87	3331.87	3894.35	3902.32	**0.00**	16.88	17.12
200-5-8	3461.11	3461.11	3821.21	3975.61	**0.00**	10.40	14.87
平均值	1773.38	1773.54	2055.14	2091.55	0.03	10.39	12.43

图 5-10 给出了 ABC-Y 算法、ICA-K 算法和 IWOA-NS 算法的 ANOVA 对比结果，其中 IWOA-NS 算法 p 值远小于 0.05，表明所提出算法具有较好的性能。为了进一步证明 IWOA-NS 算法的优越性，单独对比了 ICA-K 算法和 IWOA-NS 算法。随机选择了 4 种不同规模的算例，图 5-11 给出了算法收敛曲线，可以看出 IWOA-NS 在收敛程度和目标值上都优于 ICA-K。

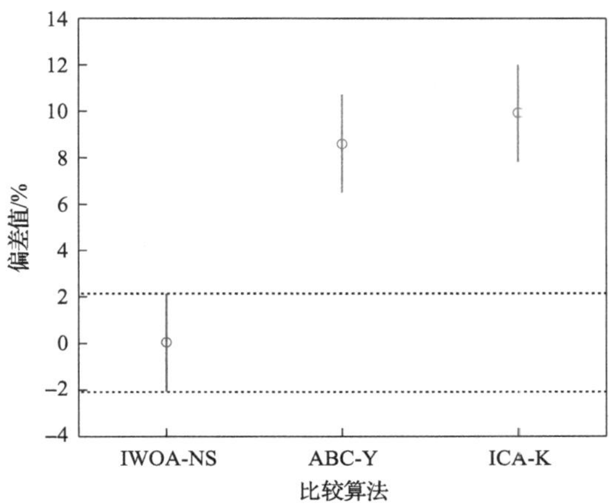

图 5-10　比较算法的均值和 95% LSD 置信区间(p 值=2.46×10^{-7})

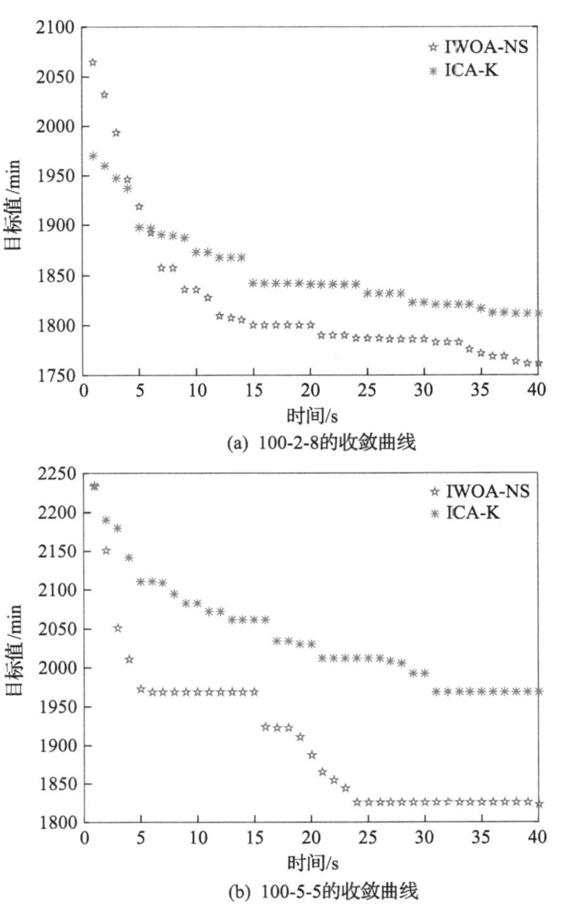

图 5-11　算法收敛曲线

5.4 本章小结

分批交付过程是分布式流水车间调度的一个经典流程，以最大限度地减少完工时间和批量交付成本为优化目标。将 WOA 与邻域结构、基于 IWOA 的局部搜索相结合来解决 DFSP-BD。最后，生成了 30 个实例来测试算法的性能。经过与 ABC-Y 算法和 ICA-K 算法的比较，证明 IWOA-NS 算法具有较好的性能。

参考文献

[1] Yurtkuran A, Yagmahan B, Emel E. A novel artificial bee colony algorithm for the workforce scheduling and balancing problem in sub-assembly lines with limited buffers[J]. Applied Soft Computing, 2018, 73: 767-782.

[2] Kazemi H, Mazdeh M M, Rostami M. The two stage assembly flow-shop scheduling problem with batching and delivery[J]. Engineering Applications of Artificial Intelligence, 2017, 63: 98-107.

第 6 章　带机器人约束的分布式流水车间调度问题

在分布式加工模式和工业机器人日益普遍的趋势下，使用机器人搬运工件的分布式调度问题需要进一步研究。本章首先基于 DPFSP 进行扩展，添加了机器人约束，同时考虑了阻塞约束、工件的恶化时间等现实约束，并以最小化所有工厂的最大完工时间为目标，根据目标和约束建立了数学规划模型；其次，提出了改进的迭代贪心(improved iterated greedy, IIG)算法；最后，根据生成的问题算例，对所提出的优化算法进行测试，并与其他经典算法进行比较。

6.1　IIG 算法设计

6.1.1　算法框架

针对带机器人约束的 DPFSP，本节提出了 IIG 算法，算法 6-1 给出了 IIG 算法框架。IIG 算法主要步骤如下：

算法 6-1：IIG 算法

输入： 初始解 X

输出： 最优解 X^*

for 遍历工厂 **do**
　　随机选择工厂
end
IG 开发程序
for 工厂中的工件 **do**
　　X_r :=析构阶段（X）
　　　执行三种析构策略
　　X' :=重构阶段（X_d, X_r）
　　　执行两种插入策略
　　X^* :=局部搜索阶段（X, X'）
　　　执行四种邻域结构
end
基于 SA 算法的接受准则

for 获得的当前解 **do**

　　Y=接受准则（X^*, X）

　　温度$=T\times\dfrac{\sum_{i=1}^{m}\sum_{j=1}^{n}p_{i,j}}{10nm}$

　　if 新解 $X' <$ 当前解 X^* **then**

　　$X^* = X'$（新解替换当前解，获得最优解）

　　end

end

返回最优解 X^*

(1) 在析构阶段，设计了三种策略移除一定规模的工件以得到部分解，获得两个向量：删除工件序列 J_d 和剩余工件序列 J_r 。

(2) 在重构阶段，通过两种插入策略并使用迭代贪心算法将在析构阶段删除的所有工件序列 J_d 重新插入 J_r 所有可能的位置，以最小化所有工厂的最大完工时间为目标，形成一个新的完整解。

(3) 在获得新解后，通过基于模拟退火(SA)算法的接受准则确定新解是否可以替换当前解。

(4) 为了提高 IIG 算法的优化性能，在算法中设计了四种邻域结构来获得新解，嵌入 SA 算法作为接受准则以跳出局部最优解，并重复迭代上述过程，直到满足停止条件。通过比较新解和当前解目标值的大小，判断当前解是否可以被新解所取代，最后获得最优解。

6.1.2　问题编码

本节针对带机器人约束的 DPFSP，结合问题特征提出了一种编码方案，通过一个二维向量记录每个工厂的工件调度顺序。如图 6-1 所示，F_1 中工件的调度顺序为$\{J_{12}, J_4, J_8, J_{15}, J_{14}, J_{18}, J_{17}\}$，$F_2$ 中工件的调度顺序为$\{J_3, J_{13}, J_1, J_5, J_9\}$，$F_3$ 中

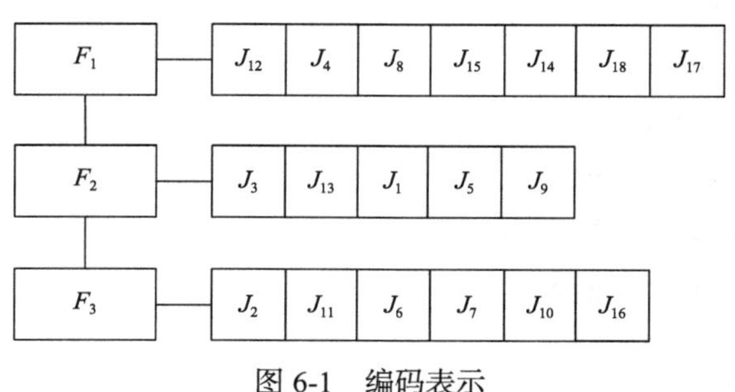

图 6-1　编码表示

工件的调度顺序为$\{J_2, J_{11}, J_6, J_7, J_{10}, J_{16}\}$。调度序列第一维表示工厂，$F_1$中的$J_{12}$表示首先加工的工件是$J_{12}$，最后加工的工件是$J_{17}$。

6.1.3　问题解码

每个工厂只有一个机器人，工件在机器上完成加工时需要判断机器人是否处于空闲状态，再使用机器人将加工完的工件搬运到下一台机器继续加工。算法 6-2 给出了解码启发式算法框架。

算法 6-2：解码启发式算法

输入：有效解

输出：目标值

```
设置相关向量：设置机器向量的容量、机器人空闲时间等向量
设置工件装卸时间、完工时间向量的容量
根据指定工厂的工件调度序列安排每个工件
    for 该工厂中的工件 do
        一个机器对应一个操作 k
        if k>0 then
            for 每台机器对应的操作 do
                找到机器人装载的最佳时间片
                如果当前有可以调度的工件那么计算新时间片
                否则工件需要在原机器上等待机器人卸载
            end
        end
    end
计算目标值
计算最后一台机器最早的完工时间
为每个作业分配完工时间
```

在解码时还应记录工件的完成时间，比较机器人装载或卸载前一个工件的时间，使其不能重叠以确保机器人每次只能进行一个操作。因为机器人不能搬运正在加工的工件，必须按照工件调度顺序搬运加工完的工件，所以机器人的可用时间不是连续的。

6.1.4 初始化策略

初始化策略具体如算法 6-3 所示。

算法 6-3：初始化策略

输入： 算例数据

输出： 初始解

将每个工件分配给工厂(随机、平均分配)
随机选择一个工厂，为其分配相应的工件
计算每个工件的加工总时间
将工件平均分配给工厂
查找具有最小工作负载的工厂
设置调度序列
遍历工件，为每个调度序列中的工件分配机器
计算第 j 个工件最后一个操作的完工时间

6.1.5 邻域结构

为了求解流水车间调度问题，常用的邻域结构包括插入、交换等，还有变邻域搜索算法等[1]。针对所提出问题的特点，在局部搜索过程中设计了四种插入和交换邻域结构以提高 IIG 算法的搜索能力，具体步骤如算法 6-4 所示。为了平衡算法搜索解的能力，通过随机选择四种邻域结构中的一种进行插入或交换。

算法 6-4：局部搜索(local search, LS)策略

输入： 当前解

输出： 新解

r_1 =rand()%4 //在四种邻域结构中随机选择一种
方案 1：局部搜索的第一种插入方式
　　随机选择工厂两个位置 x 和 y
　　if 每个工厂调度的工件>1 **then**
　　　　将 y 位置的工件插入 x 位置
　　end

```
方案 2：局部搜索的第二种插入方式
    随机选择一个工厂中的一个工件
    if 每个工厂调度的工件>0 then
        插入新工厂的最后一个位置/插入新工厂的第一个位置/在新工厂中保持原来的位置/通过计算最大完工时间选择一个好位置
    end
方案 3：局部搜索的第一种交换方式
    if 每个工厂调度的工件>1 then
        从随机选择的工厂的工件列表中随机选择两个位置 a 和 b，交换两个位置上的两个工件
    end
方案 4：局部搜索的第二种交换方式
    if 工厂数量>1 then
        随机选择两个工厂，在 F1 中随机选择 r1 位置，在 F2 中随机选择 r2 位置，交换 r1 和 r2 位置上的工件
    end
返回工件调度的新序列
```

(1)插入邻域结构 I：随机选择一个工厂，在调度序列中随机选择两个位置 x 和 y，然后将 y 位置的工件插入 x 位置，其余的工件都后移一个位置。

(2)插入邻域结构 II：随机选择一个工厂中的一个工件并将其插入不同的工厂中，提出了四种插入方式(图 6-2 给出了其中一种插入方式)：①插入新工厂的最后一个位置；②插入新工厂的第一个位置；③在新工厂中保持以前的位置；④尝试选择一个好的位置(通过计算最大完工时间确定位置)。

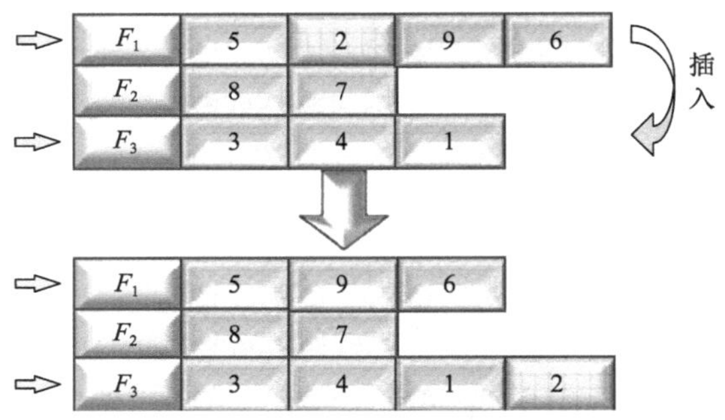

图 6-2　插入邻域结构 II 示意图

(3)交换邻域结构 I：随机选择一个工厂，在工件调度序列中随机选择两个位置 a 和 b，并交换两个位置上的两个工件。

(4)交换邻域结构 II：随机选择两个工厂，分别随机在其工件调度序列中选择两个位置 r_1 和 r_2，并交换两个位置上的两个工件。

分析算法 6-4 中四种邻域结构的具体步骤，四种邻域结构的时间复杂度都是 $O(1)$，因此，提出的邻域结构是简单有效的。

6.1.6　析构策略

在提出的 IIG 算法中，核心阶段是析构阶段和重构阶段。如图 6-3 所示，在析构阶段，在初始的工件调度 $\pi(j)$ 中删除一些工件，产生删除工件序列 J_d 和剩余工件序列 J_r。在这个阶段设置的删除工件数 d 会影响算法性能，因此参考了 IG 算法相关的经典文献，设置了删除所选工厂中工件个数范围。根据 IG 算法相关文献的阐述，在析构阶段设计了如下三种策略。

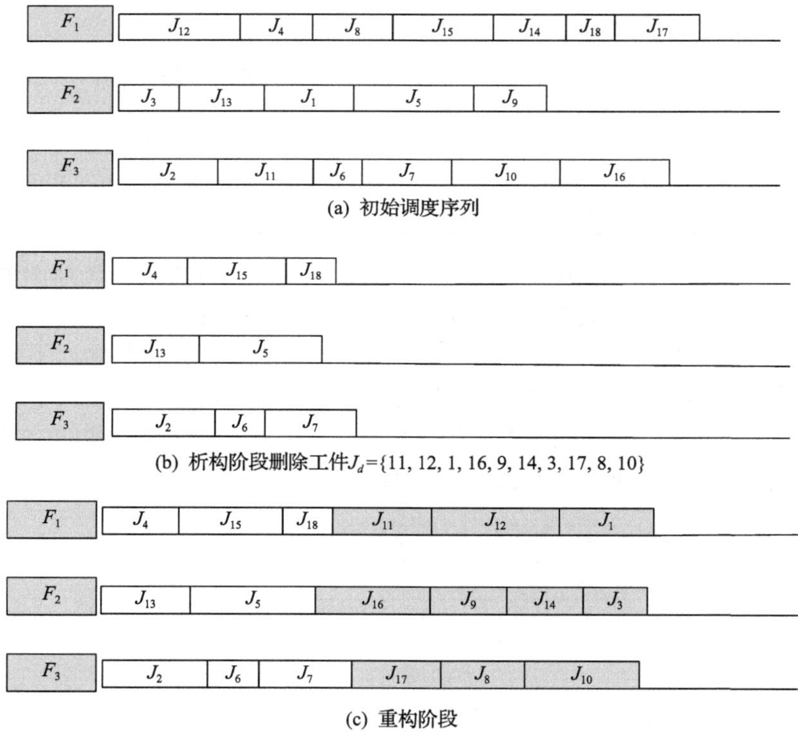

图 6-3　析构阶段和重构阶段

策略 I：随机选择一个工厂，记录其工件调度序列，然后随机设置删除工件数 d，记录当前的调度序列和已删除的调度序列，如果一个工厂的所有工件都被删除了，那么直接删除这个工厂的工件调度序列。

策略 II：删除工件数 d 随机变化，每次迭代中遵循[2, 7]内的均匀分布并随机设置 d。计算每个工厂的最大完工时间，并从高到低排序，优先从完工时间最大的工厂中随机删除工件。如果 $d \leqslant F$（d 小于或等于工厂数），则停止迭代，否则在所有工厂中随机选择 d/F 个工件。

策略 III：随机删除具有最大完工时间的工厂中的 $d/2$ 个工件，在剩余的 $F-1$ 个工厂中将剩余的 $d/2$ 个工件删除。

6.1.7　重构策略

在重构阶段，设计了两种策略将在析构阶段删除的工件重新插入某些解中。

策略 I：记录删除工件之前的工厂，将删除的工件插入同一个工厂中的任意位置，在工厂的所有位置进行测试，以选择最佳插入位置。

策略 II：将删除工件序列中的所有工件插入其他工厂中的任意位置，使用贪婪插入试探法将已删除序列 J_d 中的工件重新插入，在其他工厂的每个位置进行测试并计算最大完工时间，将已删除工件序列 J_d 中的工件放置在工厂的最佳位置(使最大完工时间获得最小值)后，依次在 J_d 中随机选择下一个工件进行测试计算，并重复操作以上过程，直到将 J_d 中的工件重新插入某些解中，获得当前解。

通过一个示例来说明在这个阶段如何重新插入序列 J_d 中的工件，如图 6-3(c)所示，重新分配 J_d 中的工件到各个工厂。工件最终插入位置是能获得最佳调度序列的位置，以使每个工厂都有最小的目标值。

6.1.8　接受准则

接受准则的作用是使算法在求解过程中避免陷入局部最优，在不断迭代过程中比较当前解和新解以获得全局最优解。而 SA 算法是从一个较高的温度开始，通过不断降低温度参数，在避免陷入局部最优的过程中，比较新解和当前解，从而进行全局优化，最终获得全局最优解。因此，基于 SA 算法制定接受准则可以扩大搜索解的范围。Osman 等[2]给出了基于 SA 算法参数 T 的恒温接受准则，如式(6-1)所示：

$$\text{Temperature} = T \times \frac{\sum_{i=1}^{m}\sum_{j=1}^{n} p_{i,j}}{10nm} \tag{6-1}$$

式中，T 为可控参数；n 为工件数量；m 为机器数量；$p_{i,j}$ 为工件 j 在机器 i 上的加工时间。

在解的搜寻空间中还可以设定一定的概率跳出局部最优，式(6-2)给出了设置初始温度和冷却速率的方法[3]：

$$p = \min\left\{\exp\left[\frac{C_{\max}(\pi) - C_{\max}(\pi')}{T}\right], 1\right\} \tag{6-2}$$

式中，$C_{\max}(\pi)$ 和 $C_{\max}(\pi')$ 分别表示当前工件序列 π 和最优工件序列 π' 对应的最大完工时间。

6.2 实验分析

为了测试所提出的IIG算法的优化性能和有效性，在内存为16GB的Intel Core i7 3.4GHz 计算机上用 C++进行仿真实验，对不同的算法分别独立运行 30 次，最后获得了各算法计算不同规模算例的平均结果，采用的性能评价指标是相对于最优解的偏差值。

6.2.1 实验算例和实验参数

针对带机器人约束的 DPFSP，根据实际生产数据随机生成了仿真实验算例，选取了其中 20 个算例：Inst1～Inst20。算例的规模如下：①在 20 个算例中，工厂数设置为 2，机器数设置为 3，每个算例的工件数不同，工件规模为 20～500；②每个工件的加工时间在[30, 50]s 内随机生成，工件的恶化时间受恶化系数影响；③机器人装载和卸载工件的时间在[0.5, 2]s 内随机生成。

在所提出的算法中，有如下两个主要参数：①删除工件的数量 d，其确定删除阶段中删除工件的数量；②温度 T，即在接受准则中设置的初始温度。通过大量实验比较，两个参数设置如下：d=3 和 T=0.2。

6.2.2 局部搜索策略的有效性

在算法的局部搜索阶段设计了四种邻域搜索策略，以增强 IIG 算法搜索解的能力。为了验证局部搜索的有效性，对 IIG 算法和没有局部搜索(no local search)的 IIG 算法(IIG-NL)在同一台计算机上进行了测试，并且 IIG 和 IIG-NL 算法使用相同的实验参数和问题算例。对两个算法进行 30 次独立测试运行后，收集并比较得到的平均值，表 6-1 记录了 IIG 和 IIG-NL 算法的实验结果。最后两列给出了由两种算法获得的偏差值，计算公式为式(4-14)，即

$$\text{dev} = (f_c - f_b)/f_b \times 100\% \tag{6-3}$$

式中，f_c 为比较算法得到的目标值；f_b 为最优解对应的目标值。

表 6-1　IIG 和 IIG-NL 的最优目标值的比较结果

算例	最优解/min	目标值/min		偏差值/%	
		IIG	IIG-NL	IIG	IIG-NL
Inst1	652.14	661.28	652.14	1.40	**0.00**
Inst2	957.83	960.40	957.83	0.27	**0.00**
Inst3	1632.76	1635.36	1632.76	0.16	**0.00**
Inst4	2665.31	2665.31	2693.84	**0.00**	1.07
Inst5	3462.90	3465.46	3462.90	0.07	**0.00**
Inst6	4394.45	4396.37	4394.45	0.04	**0.00**
Inst7	5873.79	5873.79	5901.20	**0.00**	0.47
Inst8	9082.24	9082.24	9135.97	**0.00**	0.59
Inst9	18242.10	18242.10	18548.40	**0.00**	1.68
Inst10	57754.10	57754.10	58928.10	**0.00**	2.03
Inst11	3949.35	3949.35	3962.62	**0.00**	0.34
Inst12	4421.03	4421.03	4440.89	**0.00**	0.45
Inst13	4896.54	4896.54	4913.33	**0.00**	0.34
Inst14	5390.29	5390.29	5391.73	**0.00**	0.03
Inst15	6054.09	6054.09	6054.44	**0.00**	0.01
Inst16	6540.84	6540.84	6568.14	**0.00**	0.42
Inst17	7018.35	7018.35	7062.90	**0.00**	0.63
Inst18	7760.69	7784.60	7760.69	0.31	**0.00**
Inst19	8395.56	8398.05	8395.56	0.03	**0.00**
Inst20	9071.09	9071.09	9085.74	**0.00**	0.16
平均值	8410.77	8413.03	8497.18	0.11	0.41

由表 6-1 可见：①在给定的 20 个算例中，IIG 获得 13 个最优解，而 IIG-NL 算法仅获得 7 个最优解；②从最后两列可以看出，IIG 算法获得的平均偏差值是 0.11%，明显小于 IIG-NL 算法；③表中最后一行验证了所提出的局部搜索策略提升了算法的平均性能。

为了进一步检验表 6-1 中的差异是否显著，基于多因素方差分析(ANOVA)做了详细的比较。图 6-4 给出了 IIG 和 IIG-NL 两个比较算法计算 20 个算例获得的偏差值，在 95% LSD 置信区间下，所得 p 值小于 0.05，由 ANOVA 理论可知，IIG 算法性能明显优于 IIG-NL 算法。由上可见，所提出的局部搜索策略可以显著提升算法性能，局部搜索增强了算法求解最优解的能力。

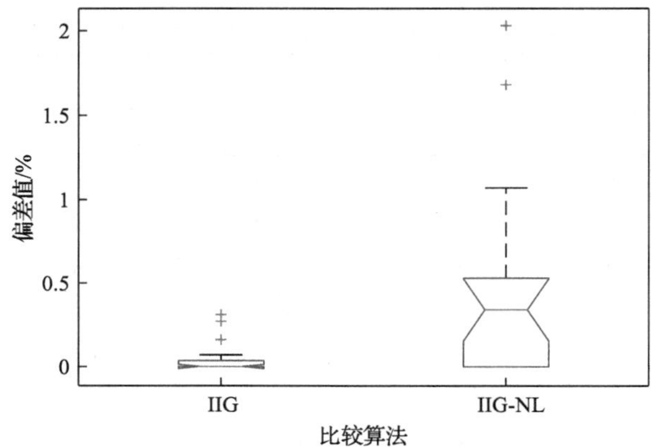

图 6-4　两个比较算法的均值和 95% LSD 置信区间(p 值=0.0445)

6.2.3　接受准则策略的有效性

为了验证所提出的接受准则策略的有效性，将提出的 IIG 算法和没有嵌入 SA 算法的 IIG(IIG-NS)算法进行对比实验，两种比较算法设置相同的实验参数。IIG 和 IIG-NS 的唯一区别是 IIG 算法中融合了 SA 算法作为接受准则策略，而 IIG-NS 算法在用 IIG 算法求解问题时没有嵌入 SA 算法。在同一台计算机上用相同的算例对两种比较算法进行了测试，经过 30 次独立运行后，收集并比较计算每个算例的平均结果。表 6-2 的第一列提供了算例的名称，第二列给出两种算法的最优解。在最后两列中，使用式(6-3)计算出两种算法的偏差值。

表 6-2　IIG 和 IIG-NS 之间最优目标值的比较结果

算例	最优解/min	目标值/min		偏差值/%	
		IIG	IIG-NS	IIG	IIG-NS
Inst1	658.51	661.28	658.51	0.42	**0.00**
Inst2	959.82	960.40	959.82	0.06	**0.00**
Inst3	1635.36	1635.36	1644.37	**0.00**	0.55
Inst4	2665.31	2665.31	2688.66	**0.00**	0.88
Inst5	3465.46	3465.46	3482.14	**0.00**	0.48
Inst6	4396.37	4396.37	4446.49	**0.00**	1.14
Inst7	5873.79	5873.79	6042.28	**0.00**	2.87
Inst8	9082.24	9082.24	9213.16	**0.00**	1.44
Inst9	18242.10	18242.10	18527.40	**0.00**	1.56
Inst10	57754.10	57754.10	59388.60	**0.00**	2.83
Inst11	3949.35	3949.35	3966.12	**0.00**	0.42
Inst12	4421.03	4421.03	4440.94	**0.00**	0.45
Inst13	4896.54	4896.54	4939.57	**0.00**	0.88

续表

算例	最优解/min	目标值/min		偏差值/%	
		IIG	IIG-NS	IIG	IIG-NS
Inst14	5390.29	5390.29	5446.76	**0.00**	1.05
Inst15	6054.09	6054.09	6068.02	**0.00**	0.23
Inst16	6540.84	6540.84	6626.79	**0.00**	1.31
Inst17	7018.35	7018.35	7039.98	**0.00**	0.31
Inst18	7700.40	7784.60	7700.40	1.09	**0.00**
Inst19	8398.05	8398.05	8460.26	**0.00**	0.74
Inst20	9071.09	9071.09	9160.19	**0.00**	0.98
平均值	8408.65	8413.03	8545.02	0.08	0.91

由表 6-2 中的结果可以总结如下：①在给定的 20 个算例中，IIG 算法得到 17 个最优解，而 IIG-NS 算法只获得 3 个最优解；②最后两列计算出了两种算法的偏差值，IIG 算法的平均偏差值小于 IIG-NS 算法的平均偏差值。为了进一步检验表 6-2 中实验数据的显著性，又比较了两种算法在 95% LSD 置信区间下的差异，如图 6-5 所示，p 值=0.0001，接近于 0，远小于比较标准值(小于 0.05)。显然，结合 SA 算法能够扩大搜索解的范围，IIG 算法性能优于 IIG-NS 算法。

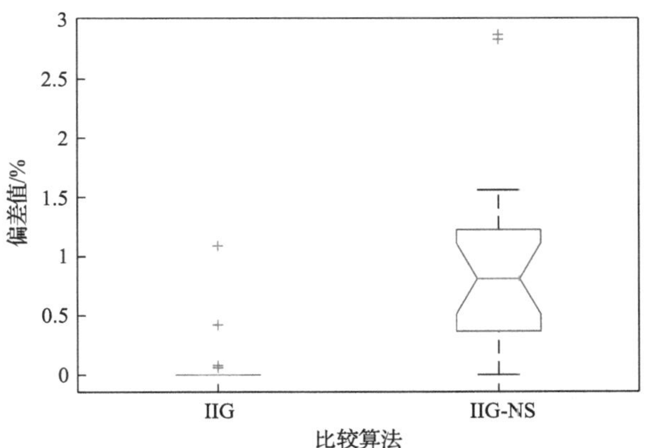

图 6-5　IIG 算法和 IIG-NS 算法 95% LSD 置信区间的 ANOVA 分析图(p 值=0.0001)

6.2.4　与其他算法的对比

为了验证 IIG 算法在解决所研究问题中的有效性，将其与近年来的 P-ABC 算法[4]、CABC 算法[5]和 TS 算法[6]进行比较，这三种算法是求解流水车间调度问题的高效算法。对比算法经过改进以适用于求解带机器人约束的分布式流水车间调度问题，经过 30 次独立运行测试，对获得的最优解、平均解、最差解的结果进行比较。通过实验获得的数据如表 6-3～表 6-5 所示。表中第一列是算例编号，第二列是计算每个算例获得的最优解，第三列至第六列是四种算法分别获得的目标值，最后四列给出的数据是通过式(6-3)计算得到的每个算法相对于最优解的偏差值。

表 6-3　不同算法获得最优解的比较结果

算例	最优解/min	目标值/min				偏差值/%			
		TS	CABC	P-ABC	IIG	TS	CABC	P-ABC	IIG
Inst1	654.72	654.72	664.81	657.49	661.28	**0.00**	1.54	0.42	1.00
Inst2	960.40	962.56	983.03	966.87	960.40	0.22	2.36	0.67	**0.00**
Inst3	1635.36	1651.00	1676.77	1637.47	1635.36	0.96	2.53	0.13	**0.00**
Inst4	2665.31	2719.64	2784.82	2683.51	2665.31	2.04	4.48	0.68	**0.00**
Inst5	3465.46	3506.00	3555.94	3471.27	3465.46	1.17	2.61	0.17	**0.00**
Inst6	4396.37	4465.00	4531.97	4425.93	4396.37	1.56	3.08	0.67	**0.00**
Inst7	5873.79	5947.09	6058.78	5892.67	5873.79	1.25	3.15	0.32	**0.00**
Inst8	9082.24	9249.00	9351.97	9125.53	9082.24	1.84	2.97	0.48	**0.00**
Inst9	18242.10	18479.90	18830.40	18493.70	18242.10	1.30	3.22	1.38	**0.00**
Inst10	57754.10	58939.00	58791.90	58524.60	57754.10	2.05	1.80	1.33	**0.00**
Inst11	3949.35	3987.60	4086.39	3958.81	3949.35	0.97	3.47	0.24	**0.00**
Inst12	4421.03	4461.18	4535.29	4484.54	4421.03	0.91	2.58	1.44	**0.00**
Inst13	4896.54	4971.42	5066.08	4912.32	4896.54	1.53	3.46	0.32	**0.00**
Inst14	5390.29	5458.76	5568.79	5416.73	5390.29	1.27	3.31	0.49	**0.00**
Inst15	6054.09	6120.59	6215.96	6090.70	6054.09	1.10	2.67	0.60	**0.00**
Inst16	6540.84	6650.75	6808.00	6573.02	6540.84	1.68	4.08	0.49	**0.00**
Inst17	7018.35	7140.40	7249.99	7062.63	7018.35	1.74	3.30	0.63	**0.00**
Inst18	7772.00	7799.00	7853.44	7772.00	7784.60	0.35	1.05	**0.00**	0.16
Inst19	8387.29	8501.00	8663.37	8387.29	8398.05	1.36	3.29	**0.00**	0.13
Inst20	9071.09	9207.97	9363.12	9138.24	9071.09	1.51	3.22	0.74	**0.00**
平均值	8411.54	8543.63	8632.04	8483.77	8413.03	1.24	2.91	0.56	0.06

表 6-4　不同算法获得平均解的比较结果

算例	最优解/min	目标值/min				偏差值/%			
		TS	CABC	P-ABC	IIG	TS	CABC	P-ABC	IIG
Inst1	657.18	657.18	664.81	658.10	661.28	**0.00**	1.16	0.14	0.62
Inst2	961.94	963.27	995.00	967.18	961.94	0.14	3.44	0.54	**0.00**
Inst3	1635.36	1651.83	1676.77	1637.59	1635.36	1.01	2.53	0.14	**0.00**
Inst4	2665.31	2719.64	2784.82	2683.91	2665.31	2.04	4.48	0.70	**0.00**
Inst5	3466.00	3513.72	3555.94	3472.01	3466.00	1.38	2.59	0.17	**0.00**

续表

算例	最优解/min	目标值/min				偏差值/%			
		TS	CABC	P-ABC	IIG	TS	CABC	P-ABC	IIG
Inst6	4396.66	4465.19	4535.38	4425.93	4396.66	1.56	3.16	0.67	**0.00**
Inst7	5874.17	5947.24	6058.78	5892.67	5874.17	1.24	3.14	0.31	**0.00**
Inst8	9083.78	9255.75	9351.97	9136.56	9083.78	1.89	2.95	0.58	**0.00**
Inst9	18278.10	18480.45	18830.40	18494.84	18278.10	1.11	3.02	1.19	**0.00**
Inst10	57754.10	58956.80	58791.90	58537.64	57754.10	2.08	1.80	1.36	**0.00**
Inst11	3951.23	3987.60	4106.70	3958.82	3951.23	0.92	3.93	0.19	**0.00**
Inst12	4421.93	4469.75	4535.29	4486.76	4421.93	1.08	2.56	1.47	**0.00**
Inst13	4896.88	4971.42	5093.63	4912.52	4896.88	1.52	4.02	0.32	**0.00**
Inst14	5391.63	5458.76	5568.79	5416.73	5391.63	1.25	3.29	0.47	**0.00**
Inst15	6055.69	6120.59	6237.36	6092.09	6055.69	1.07	3.00	0.60	**0.00**
Inst16	6547.05	6650.75	6808.00	6573.04	6547.05	1.58	3.99	0.40	**0.00**
Inst17	7030.89	7140.55	7249.99	7072.00	7030.89	1.56	3.12	0.58	**0.00**
Inst18	7777.98	7799.00	7853.44	7777.98	7801.29	0.27	0.97	**0.00**	0.30
Inst19	8391.06	8501.25	8663.37	8391.06	8398.43	1.31	3.25	**0.00**	0.09
Inst20	9071.51	9208.48	9363.12	9139.09	9071.51	1.51	3.21	0.74	**0.00**
平均值	8415.42	8545.96	8636.27	8483.89	8417.16	1.23	2.98	0.53	0.05

表 6-5　不同算法获得最差解的比较结果

算例	最优解/min	目标值/min				偏差值/%			
		TS	CABC	P-ABC	IIG	TS	CABC	P-ABC	IIG
Inst1	658.00	658.00	664.81	660.25	661.28	**0.00**	1.03	0.34	0.50
Inst2	961.78	965.00	992.94	968.42	961.78	0.33	3.24	0.69	**0.00**
Inst3	1635.36	1652.66	1676.77	1637.70	1635.36	1.06	2.53	0.14	**0.00**
Inst4	2665.31	2719.64	2784.82	2684.26	2665.31	2.04	4.48	0.71	**0.00**
Inst5	3465.51	3516.59	3555.94	3474.97	3465.51	1.47	2.61	0.27	**0.00**
Inst6	4396.49	4465.37	4532.99	4425.93	4396.49	1.57	3.10	0.67	**0.00**
Inst7	5874.01	5947.29	6058.78	5892.67	5874.01	1.25	3.15	0.32	**0.00**
Inst8	9083.40	9258.52	9351.97	9147.39	9083.40	1.93	2.96	0.70	**0.00**
Inst9	18247.00	18482.00	18830.40	18495.60	18247.00	1.29	3.20	1.36	**0.00**
Inst10	57754.10	58980.20	58791.90	58572.60	57754.10	2.12	1.80	1.42	**0.00**
Inst11	3950.23	3987.60	4093.16	3958.83	3950.23	0.95	3.62	0.22	**0.00**
Inst12	4421.28	4478.64	4535.29	4492.17	4421.28	1.30	2.58	1.60	**0.00**
Inst13	4896.62	4971.42	5083.67	4912.57	4896.62	1.53	3.82	0.33	**0.00**

续表

算例	最优解/min	目标值/min				偏差值/%			
		TS	CABC	P-ABC	IIG	TS	CABC	P-ABC	IIG
Inst14	5391.07	5458.76	5568.79	5416.73	5391.07	1.26	3.30	0.48	**0.00**
Inst15	6054.54	6120.59	6234.60	6093.88	6054.54	1.09	2.97	0.65	**0.00**
Inst16	6545.62	6650.75	6808.00	6573.12	6545.62	1.61	4.01	0.42	**0.00**
Inst17	7022.93	7141.00	7249.99	7077.47	7022.93	1.68	3.23	0.78	**0.00**
Inst18	7784.60	7799.00	7853.44	7784.60	7794.40	0.18	0.88	**0.00**	0.13
Inst19	8393.57	8502.00	8663.37	8393.57	8398.15	1.29	3.21	**0.00**	0.05
Inst20	9071.13	9210.01	9363.12	9139.65	9071.13	1.53	3.22	0.76	**0.00**
平均值	8413.63	8548.25	8634.74	8490.12	8414.51	1.27	2.95	0.59	0.03

由表 6-3 中获得最优解的结果可见：①IIG 算法获得了给定 20 个算例中的 17 个最优解，P-ABC 算法获得了 2 个最优解，TS 算法获得了 1 个最优解；②最后一行给出了每个算法针对 20 个算例所获最优解的平均值，IIG 算法的平均偏差值明显优于其他三种算法。与 P-ABC 算法、CABC 算法和 TS 算法相比，IIG 算法具备良好的寻优能力。

算法平均性能如表 6-4 所示，由表可见：①IIG 算法获得了给定 20 个算例中的 17 个最优解，P-ABC 算法获得了 2 个最优解，TS 算法获得了 1 个最优解；②IIG 算法的平均偏差值小于其他三种算法。因此，与 P-ABC 算法、CABC 算法和 TS 算法相比，IIG 算法具有更好的稳定性。

算法在最差情况下的性能如表 6-5 所示，由表可见：①IIG 算法获得了给定 20 个算例中的 17 个最优解，P-ABC 算法、TS 算法、CABC 算法共获得 3 个最优解；②IIG 算法的平均偏差值为 0.03%，小于其他三种算法。因此，IIG 算法在获得最差解方面比其他算法表现更好。

为了进一步比较四种算法之间是否存在显著差异，图 6-6 分析比较了四种算法的平均偏差值，基于实验结果和 ANOVA 分析，与其他三种算法相比，IIG 算法在解决所提出的问题上具有明显的优势。

图 6-7 给出了对比算法在不同规模算例下的收敛曲线。由图可见，IIG 算法在不同规模算例下均具备了较强的收敛能力，进一步验证了 IIG 算法的有效性。

IIG 算法优于 P-ABC 算法、CABC 算法和 TS 算法的主要原因如下：采用了四种邻域搜索策略，进一步平衡了算法搜索解的能力；结合 SA 算法可以避免局部最优，扩大了搜索解的范围，增强了算法在局部和全局的搜索能力。因此，IIG 算法不仅保持了开发能力，而且提升了搜索能力。

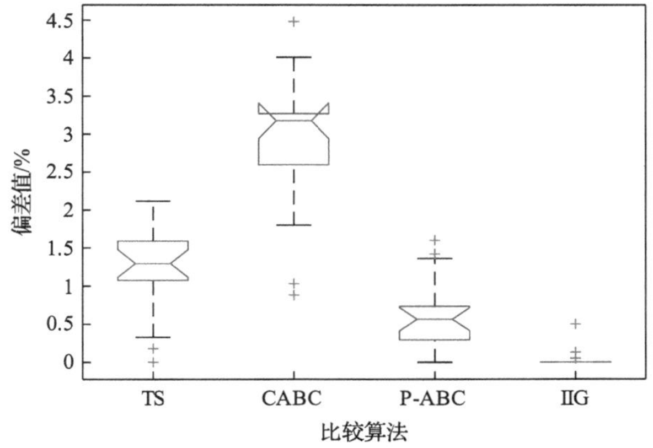

图 6-6　IIG 算法与 P-ABC 算法、CABC 算法和 TS 算法的 ANOVA 分析图

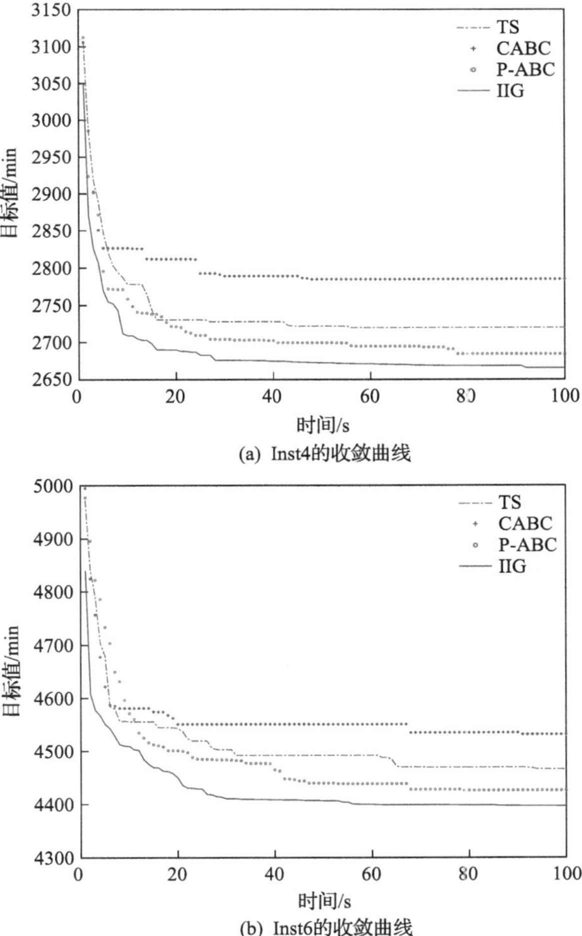

(a) Inst4的收敛曲线

(b) Inst6的收敛曲线

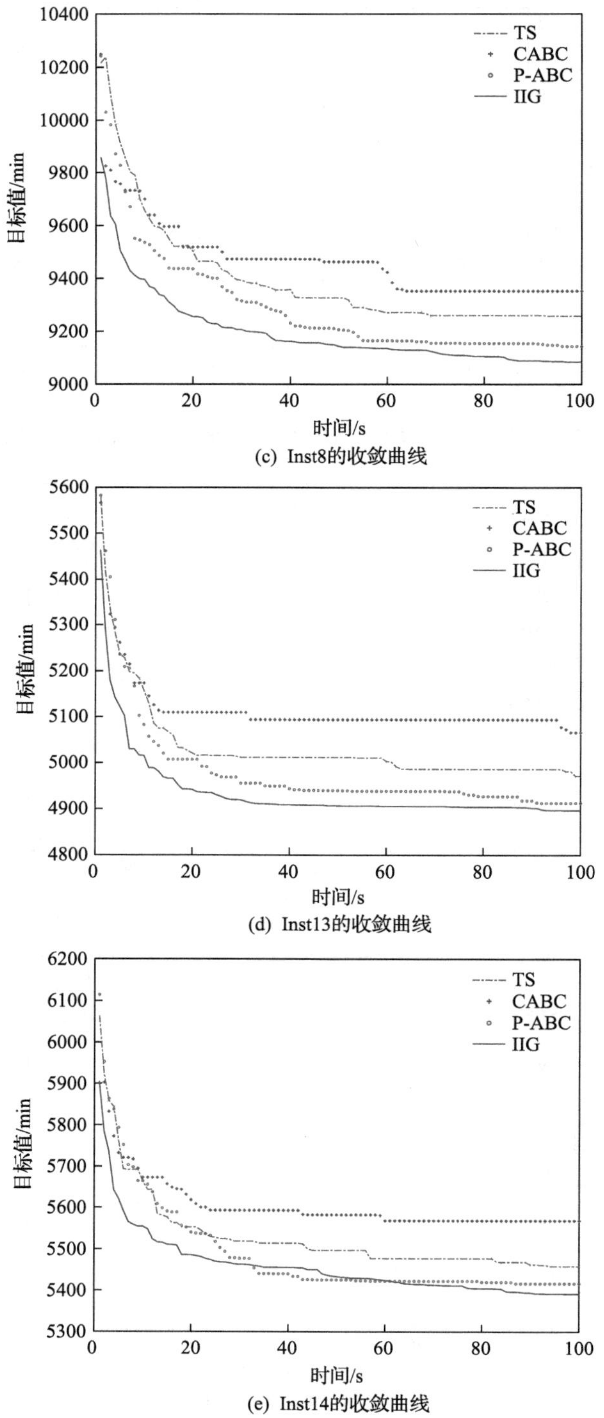

(c) Inst8的收敛曲线

(d) Inst13的收敛曲线

(e) Inst14的收敛曲线

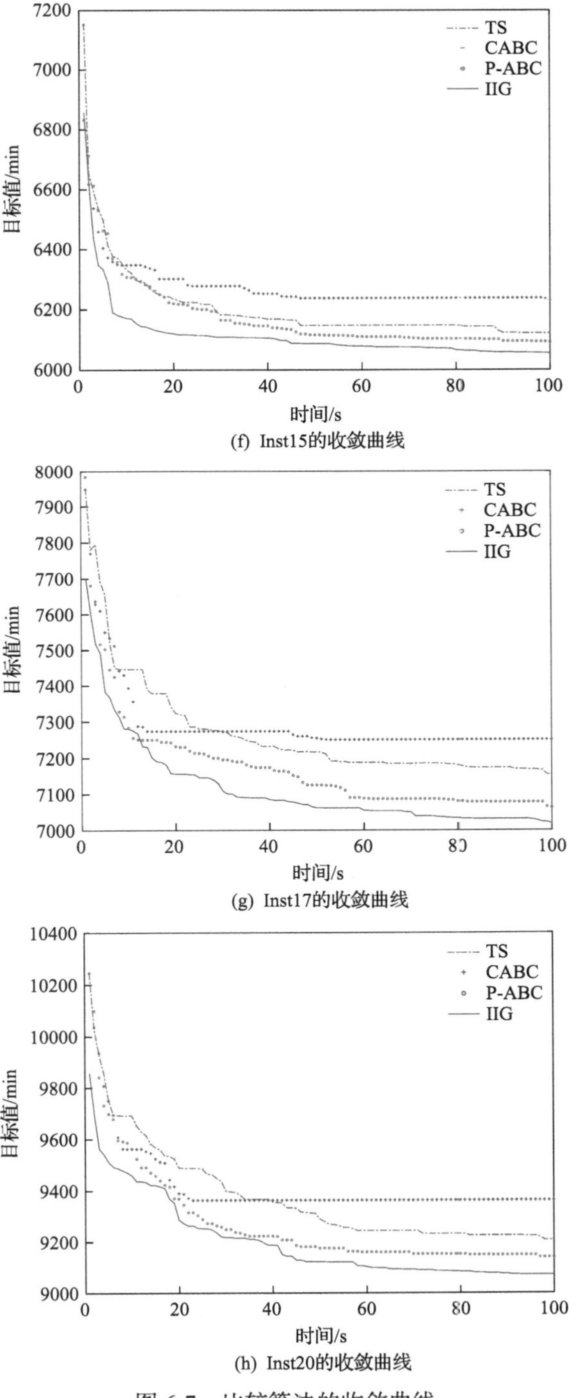

(f) Inst15的收敛曲线

(g) Inst17的收敛曲线

(h) Inst20的收敛曲线

图 6-7　比较算法的收敛曲线

6.3 本章小结

本章提出了 IIG 算法解决带机器人约束的分布式流水车间调度问题，以最小化所有工厂的最大完工时间为优化目标，建立了数学模型。每个工厂只有一个机器人，机器人必须将每个加工完的工件从上一台机器转移到下一台机器。对于不同工件，机器人的装卸时间是不同的，每个工厂都有一个调度序列，所以使用了二维向量表示编码。同时，考虑了工件由于等待机器人搬运而产生的阻塞约束，还考虑了工件的恶化时间。因此，在解码过程中必须判断工件完成时机器人是否处于空闲状态，如果机器人正在装卸其他工件，已经加工完成的工件应在机器上等待。

在 IIG 算法中，将 SA 算法作为接受准则，设计了四种不同的邻域结构，增强了算法搜索解的能力和收敛能力。此外，还提出了有效的析构策略和重构策略。通过实验测试，比较并分析所提出的 IIG 算法和其他三种高效算法的性能，结果表明 IIG 算法具有明显的优势。

IIG 算法的主要贡献如下：①采用了四种邻域结构平衡算法的优化能力；②嵌入基于 SA 算法的接受准则，扩大了搜索解的空间范围，避免了算法在搜索解时陷入局部最优；③制定了针对问题的析构策略和重构策略，进一步提高了解的质量。因此，IIG 算法可以有效地求解该问题。

参考文献

[1] Pan Q K, Ruiz R. Local search methods for the flowshop scheduling problem with flowtime minimization[J]. European Journal of Operational Research, 2012, 222(1): 31-43.

[2] Osman I H, Potts C N. Simulated annealing for permutation flow-shop scheduling[J]. Omega, 1989, 17(6): 551-557.

[3] Tavares-Neto R F, Nagano M S. An iterated greedy approach to integrate production by multiple parallel machines and distribution by a single capacitated vehicle[J]. Swarm and Evolutionary Computation, 2019, 44: 612-621.

[4] Pan Q K. An effective co-evolutionary artificial bee colony algorithm for steelmaking-continuous casting scheduling[J]. European Journal of Operational Research, 2016, 250(3): 702-714.

[5] Li J Q, Bai S C, Duan P Y, et al. An improved artificial bee colony algorithm for addressing distributed flow shop with distance coefficient in a prefabricated system[J]. International Journal of Production Research, 2019, 57(22): 6922-6942.

[6] Gao J, Chen R, Deng W. An efficient tabu search algorithm for the distributed permutation flowshop scheduling problem[J]. International Journal of Production Research, 2013, 51(3): 641-651.

第 7 章　带订单约束的分布式流水车间调度问题

生产订单的分配会影响调度效率，订单式加工模式可以有效提高资源分配效率，从而节省调度时间，提高生产效率。本章研究一种带订单约束的 DPFSP，该类问题增加了订单约束，需要为每个工件分配所属订单，再分配到各个工厂进行加工。本章内容主要分成如下三部分：

(1) 问题建模。定义约束条件和优化目标，建立问题模型。

(2) 改进算法。根据问题特征，提出新的编码解码机制，改进迭代贪心算法，设计邻域结构，增强算法的有效性。

(3) 实验分析。根据实验算例，分析算法、策略的有效性。

7.1　问题描述

7.1.1　问题说明与假设条件

在第 6 章研究的带机器人约束的 DPFSP 基础上，添加了订单约束，目标是最小化所有工厂的最大完工时间。如图 7-1 所示，假设有 F 个工厂分布在不同的地区，一共有 n 个工件、q 个客户订单，每个工厂有 m 台机器，每个订单都有预先

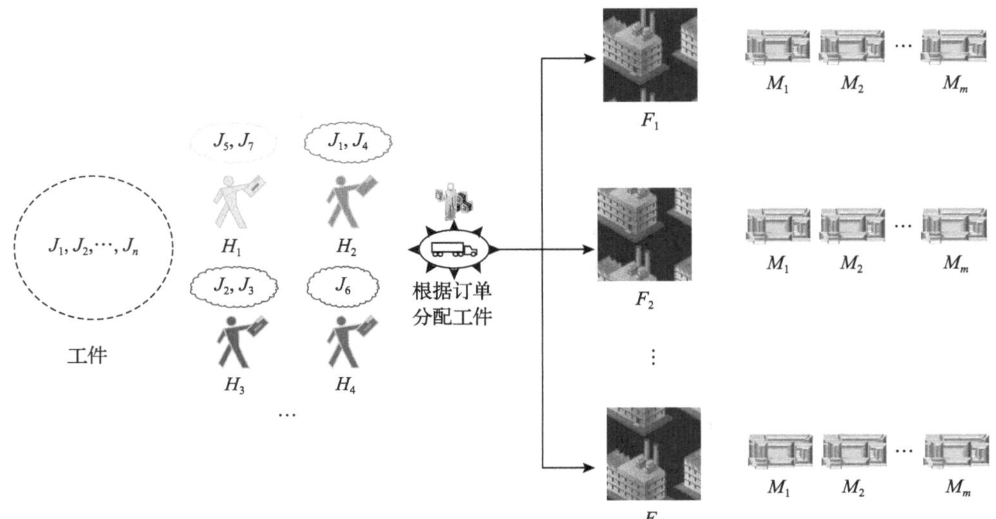

图 7-1　订单分配问题示意图

定义的一定数量的工件，每个工厂都有一个机器人，用其将工件从一台机器装卸到下一台机器。此外，还考虑了工件的装卸时间和加工时间。问题假设条件如下：

(1) 工件分配给不同的订单，每个工件不能同时分配给两个订单；

(2) 将每个订单分配到一个工厂，即同一订单中的所有工件都应在同一工厂中进行加工；

(3) 每个工厂都有一个机器人负责运送工件；

(4) 每个机器人需等待所服务的工件加工完成才能开始搬运；

(5) 每个工件都应该在其指定的机器上等待，直到机器人可以装卸它；

(6) 每台机器一次最多只能处理一个工件；

(7) 某些特定的工件有恶化时间；

(8) 工件的装载时间、卸载时间是不可忽略的。

7.1.2 问题示例

现给出该类调度问题的一个示例，假设包含 4 个订单、2 个工厂，每个订单有 2 个工件，$H_1=\{J_1,J_3\}$、$H_2=\{J_5,J_4\}$、$H_3=\{J_2,J_6\}$、$H_4=\{J_7,J_8\}$ 分配给 2 个工厂，同时相同订单的任务必须分配到同一个工厂。如图 7-2 所示，订单 H_1 和 H_2 分配给工厂 F_1，订单 H_3 和 H_4 分配给工厂 F_2。每个工厂都有一个机器人负责车间内运输工件的操作。工厂中订单调度顺序如图 7-2 所示，图中不同颜色代表不同的订单。

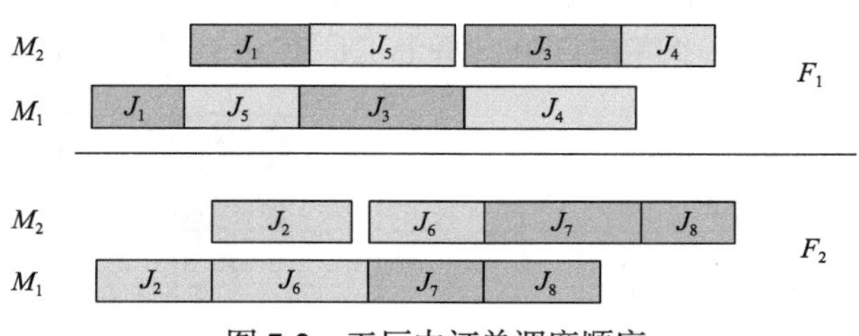

图 7-2 工厂中订单调度顺序

图 7-3 给出了机器人装卸工件示意图。图 7-4 给出了问题示例的甘特图。每个订单的工件都有不同的加工时间、恶化时间、装载时间和卸载时间。订单分配到工厂后产生一个工件调度序列，机器人将调度序列中的第一个工件搬运到机器上进行处理。一旦工件在机器上处理完成，机器人就会卸载该工件，然后将其装载到下一台机器上进行处理。如果当前工件 j 完成加工后，机器人正在搬运其他工件，则工件 j 必须在原机器上等待，直到机器人空闲。例如，在工厂 F_1 中，机器 M_1 的工件加工顺序是 $M_1=\{J_1, J_5, J_3, J_4\}$，其余机器的工件加工顺序与其相同。工厂的完工时间不仅受工件加工时间的影响，还要考虑恶化时间和机器人装卸不同工件的时间，机器人被占用时工件还会产生一段等待时间。例如，当 J_3 在工厂

F_1 的机器 M_1 完成加工后，机器人正在卸载在工厂 F_1 的机器 M_2 上加工完的 J_5，所以 J_3 必须在 M_1 上等待机器人运输。

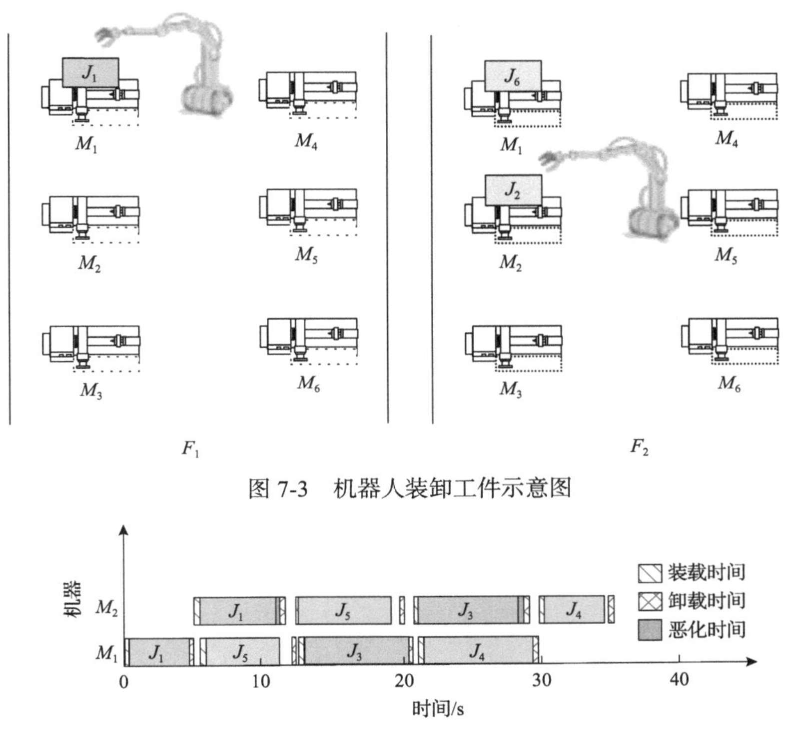

图 7-3　机器人装卸工件示意图

图 7-4　问题示例的甘特图

7.2　改进的迭代贪心算法

7.2.1　算法框架

算法 7-1 给出了针对问题特点而提出的改进迭代贪心(IIG)算法框架。

算法 7-1：IIG 算法

输入： 初始解 P

输出： 改进解 P^*

设置订单变量、恶化率等并初始化函数

方案 1：随机选择订单分配给工厂

方案 2：将订单平均分配给工厂

方案 3：根据每个订单的加工时间从大到小依次将订单分配给工厂

for 工厂调度序列 **do**

  随机选择一个工厂插入订单 //初始化解

end

IIG 过程

for 每个解 **do**

  P_r :=析构策略（P）

  P' :=重构策略（J_d , J_r）

  P^* :=局部搜索（P , P'）

end

局部搜索

for 邻域结构 **do**

  四种邻域结构

  随机选择一种邻域结构

end

以 SA 算法为接受准则

for 当前解 **do**

  接受准则（P^* , P）

  温度$=T\times\dfrac{\sum_{i=1}^{m}\sum_{j=1}^{n}P_{i,j}}{10nm}$

  if 当前解 $P'<$ 新解 P^* **then** //比较当前解和新解

    $P^*=P'$ (新解替代当前解)

  end

end

输出新解 P^*

7.2.2 问题编码

问题编码采用两层次编码方式，分别表示分配到每个工厂的订单情况和每个订单内的工件调度序列。第一层次编码是一个二维向量，第一维列出了工厂编号，第二维是分配到该工厂的订单编号。第二层次编码也是一个二维向量，第一维表示每个订单编号，第二维列出了分配到每个订单的工件编号及其调度顺序。图 7-5 展示了该类问题的一个编码，有 2 个工厂、4 个订单和 9 个工件。工厂 F_1 包含两个订单，即 H_2 和 H_3，工厂 F_2 分配了两个订单，即 H_1 和 H_4。在第二层次编码中，每个订单都有预先定义的一定数量的工件，订单 H_1 中包含的工件是 J_3，即 $H_1=\{J_3\}$，订单 $H_2=\{J_2,J_4,J_1\}$，订单 $H_3=\{J_8,J_5,J_6\}$，订单 $H_4=\{J_7,J_9\}$。每个订单内的工件序列即调度顺序。

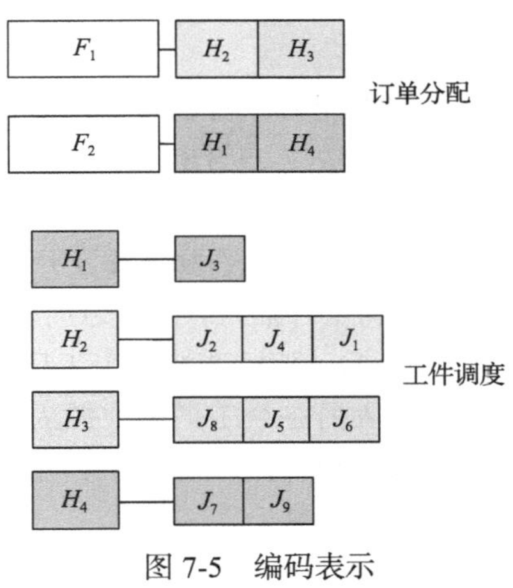

图 7-5　编码表示

7.2.3　问题解码

通过订单向量确定订单包含的工件，获得工件调度序列。由于考虑了工件的加工时间、恶化时间和机器人装卸工件的时间，机器人路线的确定仍然是解码过程中具有挑战性的难题。每个工厂只有一个机器人能够装卸工件，分配机器人时应先判断机器人是否在搬运其他工件，对比机器人的忙碌时间和工件完工时间是否重合，找到最佳的机器人可用的时间。每个工厂只有一个机器人，只存放一个机器人的可用时间段，这样一个工件由机器人装载后，会使得机器人的可用时间延后，从而使其他工件只能等待，工件就会产生一段等待时间，直到机器人能搬运它。

7.2.4　初始化

在初始化阶段，通过设计多种订单分配方法使种群多样化。初始化阶段有三种分配订单的方法：随机分配、平均分配、按照订单的加工时间从大到小顺序分配给各工厂。具体分配策略如下：

(1) 随机分配，在初始化过程中随机选择订单，然后随机选择工厂，遍历同一个订单的工件，并将其插入工厂获得初始的调度序列。

(2) 平均分配，即按照订单数量把订单平均分配给各工厂，首先遍历所有订单，将订单依次分配给当前负载最小的工厂。

(3) 按照订单的加工时间从大到小顺序分配给各工厂，首先计算每个订单中所有工件的加工时间并且按照从大到小的顺序排列，先将加工时间之和最大的订单分配给随机选择的工厂，再依次分配其他订单。

7.2.5　邻域结构

为了平衡算法全局和局部搜索能力，根据问题性质在算法中设计了两种插入邻域结构和两种交换邻域结构，算法 7-2 给出了具体步骤，通过随机选择四种邻域结构以更新解。图 7-6 给出了四种邻域结构的示意图。

(1) 插入邻域结构 I（图 7-6(a)）：随机选择一个工厂，在工件调度序列中随机选择两个位置 r_1 和 r_2，将 r_2 位置的工件插入 r_1 位置之前。

(2) 插入邻域结构 II（图 7-6(b)）：随机选择两个工厂，任选一个工厂中的任一订单，将该订单中的所有工件插入另一个工厂中。插入规则有如下三种：①根据调度序列计算最大完工时间并选择最佳插入位置；②随机选择插入位置；③将选择的订单中的工件插入工件调度序列最后。

(3) 交换邻域结构 I（图 7-6(c)）：随机选择一个工厂，在该工厂的工件调度序列中随机选择两个位置，并交换这两个位置的工件。

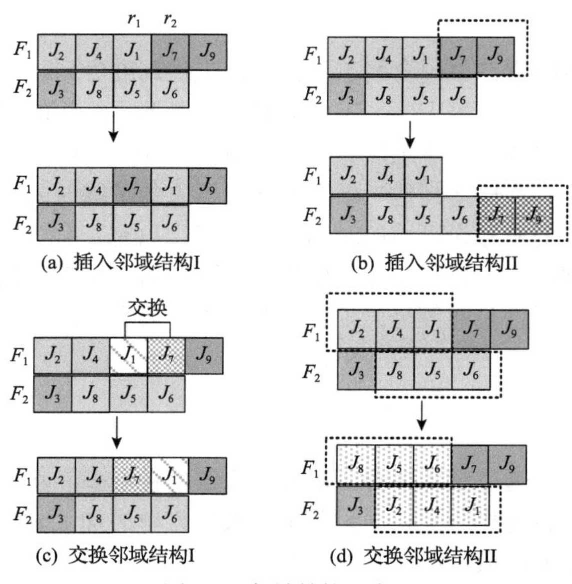

图 7-6　邻域结构示意图

(4)交换邻域结构 II(图 7-6(d))：随机选择两个工厂，分别在两个工厂的调度序列中各随机选择一个订单，并交换两个订单中包含的所有工件。

基于上述四种邻域结构，设计的局部搜索策略见算法 7-2。

算法 7-2：局部搜索策略

输入：当前解

输出：新解

e=rand()%4(随机选择一种邻域结构)
方案 1：第一种插入邻域结构
　　随机选择一个工厂中的两个位置 r_1 和 r_2
　　if 工厂中工件数量>1 **then**
　　　　将 r_2 位置的工件插入 r_1 位置之前
　　end
跳出循环
方案 2：第二种插入邻域结构
　　随机选择两个工厂，在其中一个工厂中随机选择一个订单 H_h 插入另一个工厂中
　　if 调度序列不为空 **then**
　　　　根据调度序列中的工件加工时间选择最佳插入位置/随机插入/将选择的订单插入工件调度序列最后
　　end
跳出循环
方案 3：第一种交换邻域结构
　　if 工厂中工件数量>1 **then**
　　　　随机选择一个工厂中的两个位置 r_1 和 r_2；
　　　　交换两个位置的工件
　　end
跳出循环
方案 4：第二种交换邻域结构
　　if $F_1>0$ 且 $F_2>0$ **then**
　　　　随机选择 F_1 中的订单 H_1，F_2 中的 H_2，交换 H_1 和 H_2 中的所有工件
　　end
跳出循环

7.2.6　析构和重构阶段

析构阶段：首先根据初始解计算每个工厂的最大完工时间，优先从完工时间最大的工厂中选择订单，将订单中的工件从调度序列中删除，如图 7-7 所示，最后获得两个子序列：删除工件序列 J_d 和剩余工件序列 J_r；或者随机选择一个工厂，在其工件调度序列中随机删除其中的工件，如果这个工厂中的工件都被移除，那么直接删除其工件调度序列。

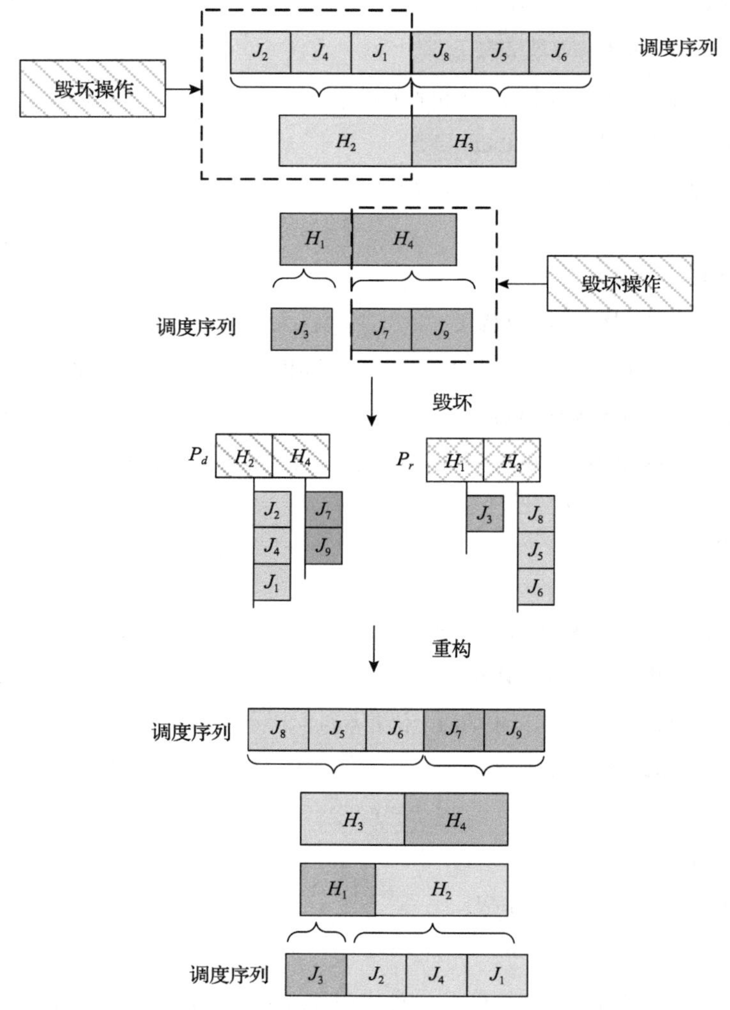

图 7-7　析构策略 I 和重构策略 I 示意图

重构阶段：应用基本的插入启发式方法完成重新插入过程。将序列 J_d 中的订单重新插入某些解中，最终获得新的工件调度序列。具体方法为：将序列 J_d 中的同一个订单的工件插入候选工厂中，计算插入订单后的工厂的最大完工时间，确定能够使最大完工时间达到最小的插入位置，这个位置为该订单插入的最佳位置，然后对 J_d 中的下一个订单进行操作，直到将 J_d 中所有的订单重新插入当前解中，按照重新插入后使工厂最大完工时间最小的准则确定每个订单的最佳插入位置，生成新解；或者记录删除序列中所有工件之前所在的工厂，重新将其插入同一个工厂中，测试插入的位置，以最小化最大完工时间为目标，确定最优解。

7.3　实验分析

7.3.1　实验算例

基于某制药行业的片剂生产流程生成了仿真测试算例，并选取 20 个典型算例(Inst1～Inst20)进行实验。每个算例包含一定整数数量的机器、工厂、订单和工件。算例规模如下：①20 个算例的工厂数量为[2,3,5]，订单数量为[3,5,10]，机器数量为[5,10,20]，工件数量为[200,300,500]；②每个订单包含一定数量的工件；③工件在每台机器上的加工时间不同，范围是[1,100]min，机器人装卸工件的时间范围是[0.5, 2]min。下面通过一个简单的例子进行说明：其中包括 2 个工厂、5 个工件、3 台机器和 2 个订单：

$$[p_{j,i}]_{5\times3}=\begin{bmatrix}54&79&16\\83&3&89\\58&15&11\\77&36&57\\60&68&99\end{bmatrix},\quad L_{j,i}U_{j,i}=\begin{bmatrix}1.19&0.74\\1.28&1.08\\1.12&1.14\\0.55&0.95\\1.31&0.86\end{bmatrix},\quad \begin{matrix}H_1=\{1,2,5\}\\H_2=\{3,4\}\end{matrix}$$

7.3.2　实验参数

算法的主要参数包括：SA 温度参数(T)、种群大小(P_n)和删除工件的数量 α。表 7-1 给出了这三个参数的水平趋势。采用实验设计的方法进行参数标定，构造了一组正交表组合这些参数进行实验。实验结果如图 7-8 所示，通过分析，得出各参数的最佳取值为 P_n=20，T=0.4，α=2。

表 7-1 实验参数

水平值	参数		
	P_n	T	α
1	20	0.2	1
2	30	0.3	2
3	40	0.4	3
4	50	0.5	4

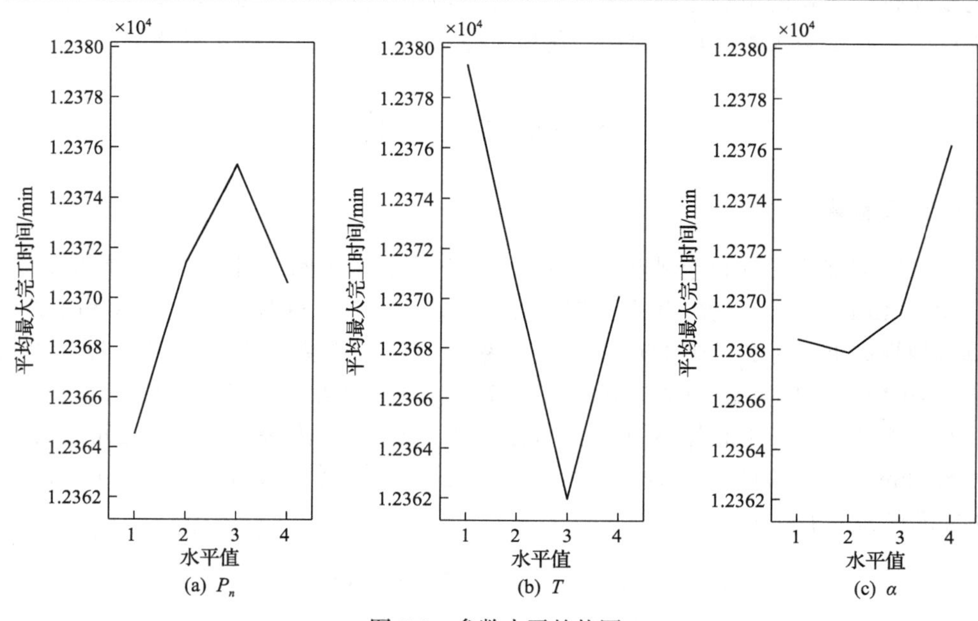

(a) P_n (b) T (c) α

图 7-8 参数水平趋势图

7.3.3 融合 LS 策略的有效性

为了验证局部搜索策略的有效性，设计了两种比较算法，即不考虑本章所提出的局部搜索策略的 IIG(IIG-NL)算法和 IIG 算法。两种比较算法的实验参数相同。对比结果如表 7-2 所示。表中中间两列给出了两种比较算法求解算例的平均结果，最后两列使用式(6-3)分别计算了 IIG 算法和 IIG-NL 算法相对于最优解的偏差值。

由表 7-2 的实验结果可见：①IIG 算法获得 18 个最优解，IIG-NL 算法只获得 2 个最优解；②从最后一行可以看出，IIG 算法的平均偏差值为 0.02%，远远小于 IIG-NL 算法的平均偏差值。图 7-9 给出了两种比较算法通过 20 个算例获得的平均偏差值，在 95% LSD 置信区间下，得到的 p 值远小于 0.05，验证了局部搜索策略的有效性。

表 7-2　IIG 和 IIG-NL 最优解的比较结果

算例	最优解/min	目标值/min		偏差值/%	
		IIG	IIG-NL	IIG	IIG-NL
Inst1	1201.90	1201.90	1232.84	**0.00**	2.57
Inst2	2592.49	2592.49	2673.25	**0.00**	3.12
Inst3	5835.29	5835.29	6156.28	**0.00**	5.50
Inst4	40486.30	40486.30	40764.50	**0.00**	0.69
Inst5	875.34	875.34	895.90	**0.00**	2.35
Inst6	1531.01	1537.31	1531.01	0.41	**0.00**
Inst7	3251.60	3251.60	3361.73	**0.00**	3.39
Inst8	12574.20	12574.20	12761.70	**0.00**	1.49
Inst9	25186.80	25186.80	25425.60	**0.00**	0.95
Inst10	739.53	739.53	741.90	**0.00**	0.32
Inst11	1396.15	1396.15	1443.32	**0.00**	3.38
Inst12	9207.93	9207.93	9474.56	**0.00**	2.90
Inst13	18741.90	18741.90	18827.40	**0.00**	0.46
Inst14	55401.80	55401.80	56552.40	**0.00**	2.08
Inst15	632.88	632.88	643.23	**0.00**	1.64
Inst16	1172.06	1172.06	1200.12	**0.00**	2.39
Inst17	2130.32	2130.32	2243.04	**0.00**	5.29
Inst18	7457.45	7459.95	7457.45	0.03	**0.00**
Inst19	15039.40	15039.40	15070.70	**0.00**	0.21
Inst20	41030.60	41030.60	42040.40	**0.00**	2.46
平均值	12324.25	12324.69	12524.87	0.02	2.06

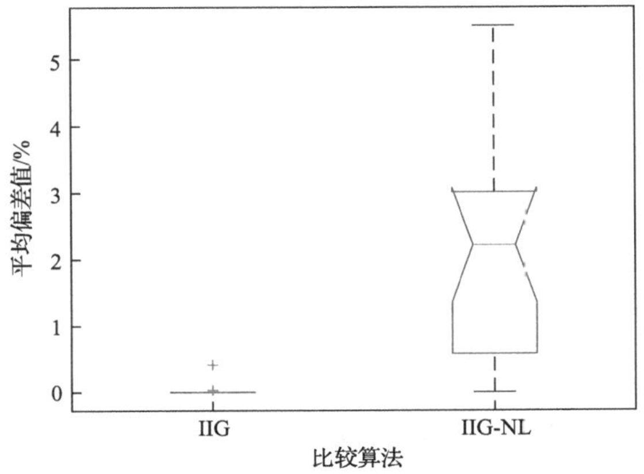

图 7-9　IIG 算法和 IIG-NL 算法 95% LSD 置信区间比较（p 值=1.74×10^{-6}）

7.3.4 融合 SA 接受准则策略的有效性

为了验证融合 SA 接受准则策略的有效性，设计了两种比较算法，即没有融合 SA 接受准则策略的 IIG 算法(IIG-NS)和 IIG 算法，两种算法参数设置相同。对比结果如表 7-3 所示。

表 7-3　IIG 和 IIG-NS 比较结果

算例	最优解/min	目标值/min		偏差值/%	
		IIG	IIG-NS	IIG	IIG-NS
Inst1	1201.90	1201.90	1204.01	**0.00**	0.18
Inst2	2592.49	2592.49	2681.96	**0.00**	3.45
Inst3	5835.29	5835.29	5859.89	**0.00**	0.42
Inst4	40486.30	40486.30	40594.70	**0.00**	0.27
Inst5	875.34	875.34	891.40	**0.00**	1.83
Inst6	1537.31	1537.31	1558.57	**0.00**	1.38
Inst7	3251.60	3251.60	3320.84	**0.00**	2.13
Inst8	12522.60	12574.20	12522.60	0.41	**0.00**
Inst9	25186.80	25186.80	25443.20	**0.00**	1.02
Inst10	729.78	739.53	729.78	1.34	**0.00**
Inst11	1396.15	1396.15	1430.67	**0.00**	2.47
Inst12	9207.93	9207.93	9438.76	**0.00**	2.51
Inst13	18741.90	18741.90	19010.20	**0.00**	1.43
Inst14	55401.80	55401.80	56722.20	**0.00**	2.38
Inst15	632.88	632.88	638.67	**0.00**	0.91
Inst16	1172.06	1172.06	1212.28	**0.00**	3.43
Inst17	2130.32	2130.32	2257.33	**0.00**	5.96
Inst18	7459.95	7459.95	7535.23	**0.00**	1.01
Inst19	15039.40	15039.40	15187.80	**0.00**	0.99
Inst20	41030.60	41030.60	41744.40	**0.00**	1.74
平均值	12321.62	12324.69	12499.22	0.09	1.68

由表 7-3 可见：①对于给定的 20 个不同规模的算例，IIG 算法获得了 18 个最优解，而 IIG-NS 算法仅得到 2 个最优解；②IIG 算法得到的平均偏差值是 0.09%，小于 IIG-NS 算法的平均偏差值。为了进一步评估两种算法的显著性差异，图 7-10 给出了 IIG 算法和 IIG-NS 算法计算 20 个算例获得的平均偏差值，对比结果进一

步验证了 IIG 算法的有效性。

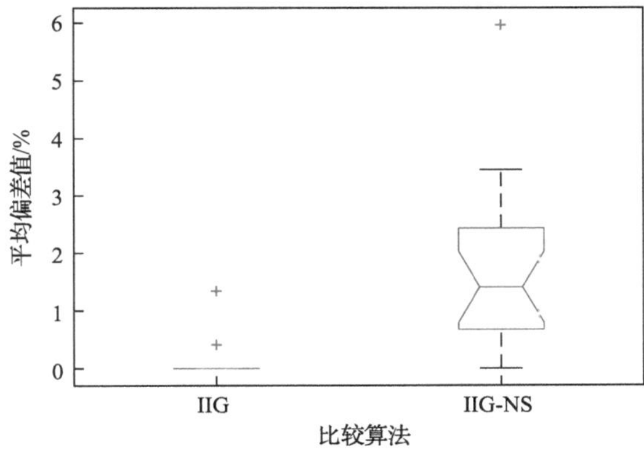

图 7-10　IIG 算法与 IIG-NS 算法 95% LSD 置信区间比较（p 值=2.62×10^{-5}）

7.3.5　与其他算法的对比

为了进一步评估 IIG 算法在求解所研究问题上的性能，选择了另外三种典型算法，即 IG-R 算法[1]、ABC-L 算法[2]、ICA-L 算法[3]。分别对四种算法使用了相同的参数进行 30 次独立运行实验。表 7-4 给出了四种比较算法求解 20 个算例的对比结果。表中第三列至第六列分别给出了四种算法得到的目标值，最后四列分别是四种算法相对于最优解的偏差值。

表 7-4　IIG 算法与其他算法比较的实验结果

算例	最优解/min	目标值/min				偏差值/%			
		IIG	IG-R	ICA-L	ABC-L	IIG	IG-R	ICA-L	ABC-L
Inst1	1201.90	1201.90	1214.98	1233.39	1260.41	**0.00**	1.09	2.62	4.87
Inst2	2592.49	2592.49	2619.42	2707.15	2912.02	**0.00**	1.04	4.42	12.33
Inst3	5835.29	5835.29	5988.97	6027.64	6173.70	**0.00**	2.63	3.30	5.80
Inst4	40486.30	40486.30	40872.80	41078.20	41088.70	**0.00**	0.95	1.46	1.49
Inst5	875.34	875.34	882.36	903.69	985.55	**0.00**	0.80	3.24	12.59
Inst6	1537.31	1537.31	1550.80	1573.67	1762.50	**0.00**	0.88	2.37	14.65
Inst7	3251.60	3251.60	3293.96	3344.72	3310.94	**0.00**	1.30	2.86	1.82
Inst8	12574.20	12574.20	12694.80	12688.30	13263.10	**0.00**	0.96	0.91	5.48
Inst9	25186.80	25186.80	25357.00	25622.00	25523.30	**0.00**	0.68	1.73	1.34
Inst10	737.16	739.53	737.16	766.51	750.54	0.32	**0.00**	3.98	1.81
Inst11	1396.15	1396.15	1450.91	1478.78	1694.99	**0.00**	3.92	5.92	21.40

续表

算例	最优解/min	目标值/min				偏差值/%			
		IIG	IG-R	ICA-L	ABC-L	IIG	IG-R	ICA-L	ABC-L
Inst12	9207.93	9207.93	9416.24	9479.53	9362.35	**0.00**	2.26	2.95	1.68
Inst13	18741.90	18741.90	18857.90	18858.80	18831.40	**0.00**	0.62	0.62	0.48
Inst14	55401.80	55401.80	56730.50	56797.20	56776.00	**0.00**	2.40	2.52	2.48
Inst15	627.22	632.88	627.22	669.45	734.15	0.90	**0.00**	6.73	17.05
Inst16	1172.06	1172.06	1200.05	1249.99	1204.07	**0.00**	2.39	6.65	2.73
Inst17	2130.32	2130.32	2252.56	2317.17	2518.08	**0.00**	5.74	8.77	18.20
Inst18	7459.95	7459.95	7514.68	7588.61	7515.61	**0.00**	0.73	1.72	0.75
Inst19	15039.40	15039.40	15121.60	15333.10	15118.40	**0.00**	0.55	1.95	0.53
Inst20	41030.60	41030.60	41949.50	41776.80	41931.80	**0.00**	2.24	1.82	2.20
平均值	12324.29	12324.69	12516.67	12574.74	12635.88	0.06	1.56	3.33	6.48

由表 7-4 可见：①IIG 算法获得了 18 个最优解，其他三种算法共获得 2 个最优解。②最后一行计算出了最优解的平均值，IIG 算法的平均目标值和平均偏差值都小于其他三种算法的计算结果。图 7-11 给出了 ANOVA 对比图，分析了比较算法之间的差异，以上结果表明，IIG 算法搜索最优解的能力优于其他比较算法。

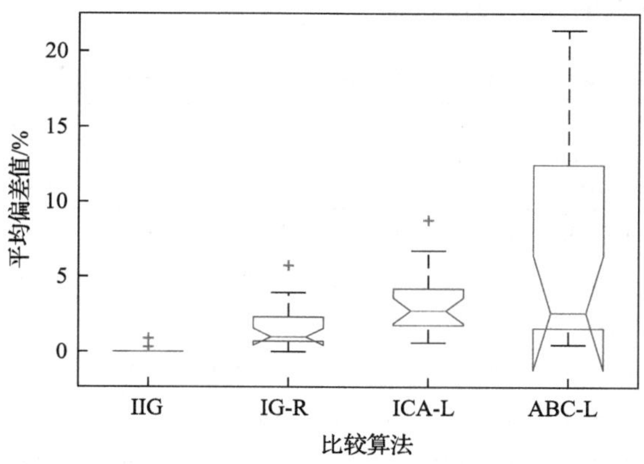

图 7-11　IIG 算法与 IG-R 算法、ICA-L 算法和 ABC-L 算法的 ANOVA 图

为进一步验证算法的收敛能力，选取了四种不同规模的算例进行对比分析，即 Inst1、Inst2、Inst8、Inst18。图 7-12 给出了比较算法求解上述算例的收敛曲线，由图可见，IIG 算法收敛性能最强。

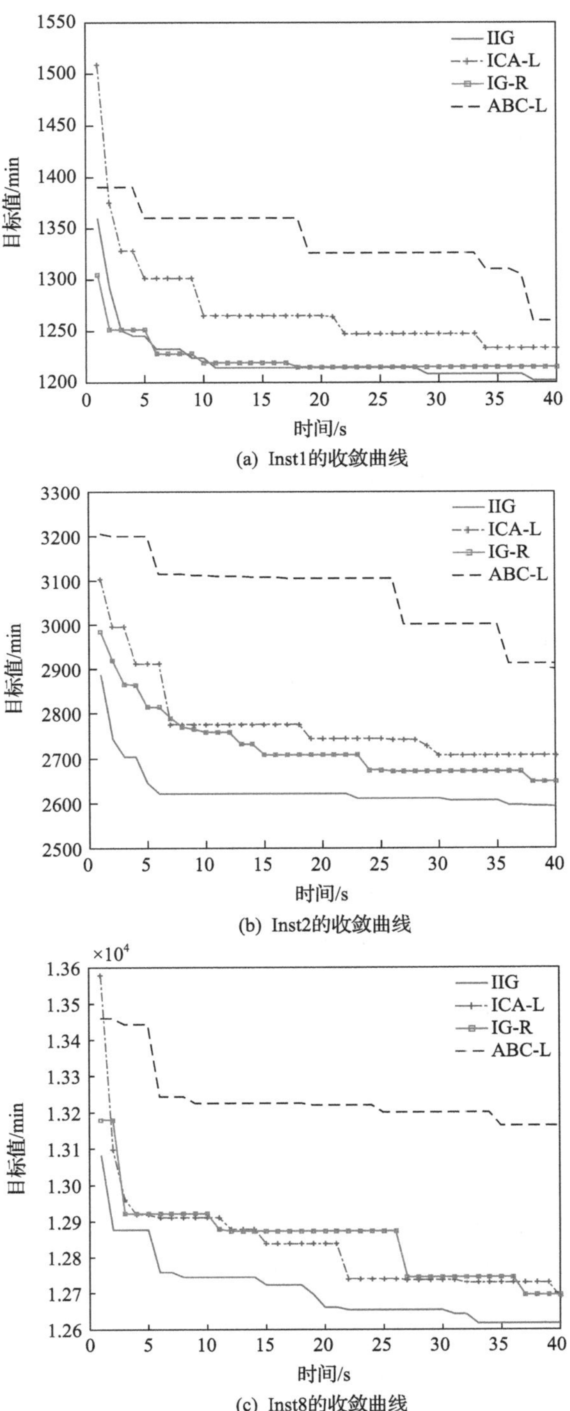

(a) Inst1的收敛曲线

(b) Inst2的收敛曲线

(c) Inst8的收敛曲线

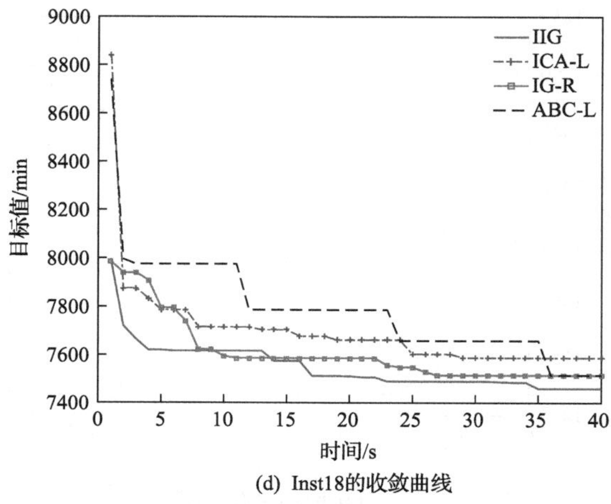

(d) Inst18的收敛曲线

图 7-12　比较算法的收敛曲线

7.4　本 章 小 结

本章在第 6 章研究问题的基础上添加了订单约束，将同一个客户订单的工件分配给同一个工厂加工，最小化工厂的最大完工时间，这也是一个现实的优化问题，目前研究该问题的文献较少。为此，本书提出了 IIG 算法，其主要贡献如下：①在该算法中，编码时使用二维的工厂向量和订单向量，其中第一个向量表示工厂中的订单分配，第二个向量表示订单的工件序列；②考虑到调度工件过程中的机器人路径问题，提出了一种高效的解码方案；③为了降低算法的计算复杂度，设计了算法中的析构策略和重构策略；④为了平衡算法在局部和全局范围搜索解的能力，针对问题设计了不同的邻域结构；⑤使用了基于 SA 算法的接受准则，增强算法在全局搜索解的能力。因此，针对带机器人约束并添加订单约束的 DPFSP，设计的 IIG 算法展现了较好的优化性能。

参 考 文 献

[1] Ruiz R, Pan Q K, Naderi B. Iterated greedy methods for the distributed permutation flowshop scheduling problem[J]. Omega, 2019, 83: 213-222.

[2] Li J Q, Song M X, Wang L, et al. Hybrid artificial bee colony algorithm for a parallel batching distributed flow-shop problem with deteriorating jobs[J]. IEEE Transactions on Cybernetics, 2020, 50(6): 2425-2439.

[3] Lei D M, Yuan Y, Cai J C, et al. An imperialist competitive algorithm with memory for distributed unrelated parallel machines scheduling[J]. International Journal of Production Research, 2020, 58(2): 597-614.

第 8 章　带阻塞约束和装配阶段的分布式阻塞流水车间节能调度

本章通过对实际生产背景分析，在理论层面上，对考虑能效约束的 DABFSP（energy-efficient DABFSP, EEDABFSP）进行研究，并以最大完工时间和 TEC 为目标，建立同时考虑阻塞约束、装配阶段和分布式场景的多目标数学模型。然后，融合带装配阶段的流水车间调度问题特定属性，设计改进的 NSGA-II。最后，设计不同层次规模算例，对模型进行验证，并对算法的计算时间和优化结果进行测试。通过对数据进行系统分析，证明算法的有效性。

8.1　问 题 属 性

在 EEDABFSP 中，观察到生产阶段和装配阶段的调度之间具有相互影响作用。根据带装配阶段的流水车间的特点，产品的装配开始时间取决于其上一个产品的完工时间和属于该产品的所有工件的最后完工时间。与第一个装配产品相关的所有工件完成得越早，第一个产品的装配开始得越早（装配阶段开始时间）。因此，在某种程度上来说，工件的加工顺序受产品的装配顺序影响。此外，理论上，产品的装配过程可以在属于此产品的所有工件生产完成后开始。换言之，如果属于同一产品的工件在同一家工厂生产，则这些工件应该尽可能在邻近时间段加工。基于以上特征分析，Shao 等[1]提出了分布式装配流水车间调度的两条属性。受两条属性的启发，本书针对 EEDABFSP 提出了如下两条属性：

（1）属性 1：在每个工厂，属于同一产品的工件应尽可能地连续加工。

（2）属性 2：工件的加工顺序应尽可能与所属产品的装配顺序一致，也就是说，产品装配越早，其工件在生产阶段就要加工得越早，反之亦然。

8.2　改进的二代非支配排序遗传算法

本节介绍改进的 NSGA-II（INSGA-II）的基本环节和关键创新点，分别给出编码和解码、初始化、交叉和变异算子以及局部搜索策略的详细构造方法。

INSGA-II 的主要框架基于 NSGA-II。INSGA-II 的主要组成部分（如快速非支配排序遗传方法、拥挤比较算子和精英保留策略）都是直接从 NSGA-II 派生来的。

与 NSGA-II 相比，INSGA-II 具有如下特点：①通过融合三种不同的策略生成初始种群；②交叉算子基于帕累托解集，变异算子基于产品属性；③开发了增强的基于帕累托解集的局部搜索，以提高局部搜索能力。

INSGA-II 在算法 8-1 中给出，其中最大函数值(Eva)视为停止条件。E 是帕累托存档集(archive)，初始设置为空。迭代次数的计算公式为 Eva/PS，E 每迭代一次，实现更新一次。参数 Gen 表示当前的代数，P_0 表示初始种群，P_{Gen} 表示第 Gen 代种群。执行选择、交叉和变异后的种群存储在 Q_{Gen} 中。

算法 8-1：INSGA-II

输入： PS 为种群大小；Eva 为终止条件

输出： 最优解

Gen=1
$E=\varnothing$
P_0←初始化种群
对 P_0 执行快速非支配排序和拥挤度距离计算，$P_{\text{Gen}} \leftarrow P_0$
while 未达到停止上限 **do**
    对 P_{Gen} 执行二元锦标赛策略，进行选择
    对 P_{Gen} 执行交叉、变异策略，$Q_{\text{Gen}} \leftarrow P_{\text{Gen}}$
    对 $P_{\text{Gen}} \cup Q_{\text{Gen}}$ 执行快速非支配排序和拥挤度距离计算，$P_{\text{Gen+1}} \leftarrow P_{\text{Gen}} \cup Q_{\text{Gen}}$
    保留 $P_{\text{Gen+1}}$ 中的第一层级个体(非支配个体)，并保留在帕累托存档集 E 中。对 E 执行局部搜索。更新 $P_{\text{Gen+1}}$
    Gen=Gen+1
end

8.2.1 解的编码

EEDABFSP 的一个解决方案必须包括以下五种类型信息：每个工件所属的工厂、每个工厂中的工件处理顺序、产品装配顺序、工件在机器上的加工速度以及产品装配时的装配机器速度。因此，使用以下编码方案。一个解编码为 $\{\pi,\pi',V\}$。$\pi=\{\pi_1,\pi_2,\cdots,\pi_j,\cdots,\pi_n,\cdots,\pi_{n+F-1}\}$ 是 $n+F-1$ 维向量，其中，$j\in\{1,2,\cdots,n+F-1\}$。π 由 n 个工件下标和 $F-1$ 个分隔符组成，其中虚拟工件“0”代表分隔符。工件“0”将 π 划分成 F 个部分，每个部分给出了当前工厂的工件生产顺序。$\pi'=\{\pi'_1,\pi'_2,\cdots,\pi'_q,\cdots,\pi'_p\}$ 表示产品装配序列。此外，设 $V=\{V_1,V_2\}$，其中 $V_1=\{v_1,v_2,\cdots,v_{n\times m}\}$ 和 $V_2=\{v_1,v_2,\cdots,v_p\}$ 分别表示工件的生产速度和产品的装配速度。V 中元素的值都

取自集合 $\{1,2,\cdots,s\}$ 。

为了便于理解，下面举例说明解的编码。考虑一个简单的 EEDABFSP，有 5 个工件，2 台机器，2 个工厂，2 个产品，速度类型 s=2。工件$\{J_1, J_4, J_3\}$分配给 P_2，工件$\{J_2, J_5\}$分配给 P_1。表 8-1 和表 8-2 给出了其他已知参数。因此，对于解决方案之一，可以表示为$\{J_2, J_4, J_3, J_0, J_1, J_5\}$，其中工件$\{J_2, J_4, J_3\}$、$\{J_1, J_5\}$分别分配给 F_1 和 F_2。同时，该序列还表示 F_1 中的工件加工顺序为 $J_2 \to J_4 \to J_3$，F_2 中的工件加工顺序为 $J_1 \to J_5$。π' 表示为$\{P_2, P_1\}$，代表产品的装配顺序为 $P_2 \to P_1$。速度设置为 $V=\{V_1, V_1, V_2, V_2, V_1, V_2, V_1, V_2, V_1, V_1, V_2, V_1\}$。然后，一个完整的解决方案就可以表示出来，如图 8-1 所示。

表 8-1　生产阶段参数设置

		i=1	i=2
$PP_{i,v}$	V=1	4	5
	V=2	10	16
SP_i	j	1	2
$t_{j,i}$	j=1	3	3
	j=2	3	2
	j=3	4	4
	j=4	2	4
	j=5	2	3

表 8-2　装配阶段参数设置

装配机器	V	MA
PPP_v	V=1	6
	V=2	12
SPP	q	2
pt_q	q=1	8
	q=2	6

注：PPP_v 为装配能耗；SPP 为装配机器待机能耗。

8.2.2　初始化

为了获得多样化的初始群体，分别针对最大完工时间和 TEC 两个不同的子目标，提出了两种初始化策略，得到了多个较优初始个体。

1. 基于分布式装配属性的 NEH 启发式算法

由 Nawaz 等[2]提出的启发式算法是 FSP 中基于最大完工时间标准的最知名和

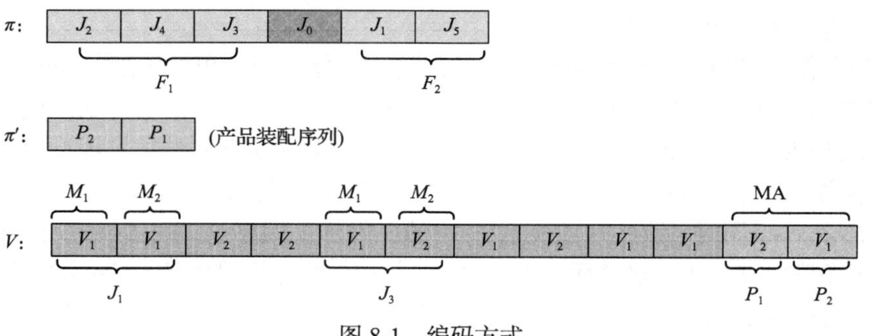

图 8-1　编码方式

最有效的构造性启发式算法，称为 NEH 启发式算法。基于此算法，本节设计了一种新的基于分布式装配属性的 NEH 启发式算法，称为 DANEH 算法，以生成具有更短加工周期的解决方案。属于同一产品的工件按最短加工时间(shortest processing time, SPT)排列，即按照工件的所有工序加工时间之和非递减排序[3]。

在 DANEH 算法中，使用了基于 8.1 节中的两个属性的插入过程。图 8-2 描述了一个具体算例的插入过程。首先，通过 SPT 对产品中的工件进行排序。例如，P_1 的工件顺序为 $J_3 \rightarrow J_5 \rightarrow J_7$。其次，以产品为单位将工件分配给工厂，利用虚拟工件“0”插入的方式来进行工件的工厂分配，并且插入位置是随机生成的。最后，将所有属于同一工厂的工件进行合并，并且合并过程中要满足两条产品装配属性。例如，P_1 的 J_3 分配给 F_1，J_5 分配给 F_2，J_7 分配给 F_3。P_2 的 J_1、J_2 分配给 F_2，J_4 分配给 F_3。P_3 的 J_6 分配给 F_1，J_8 分配给 F_2。假设此时的产品装配顺序为 $P_1 \rightarrow P_2 \rightarrow P_3$，依据两条装配属性，可以得到工厂的最终序列为$\{J_3, J_6, J_0, J_5, J_1, J_2, J_8, J_0, J_7, J_4\}$。

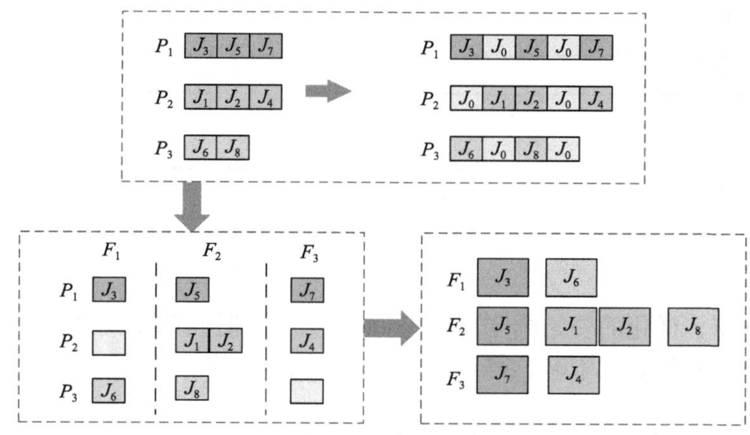

图 8-2　DANEH 算法过程

DANEH 算法初始化完成后，可以看到 P_2 中的 J_1 和 J_2 都在 F_2 中进行处理，并且它们的处理过程是连续的。产品的装配顺序为 $P_1 \rightarrow P_2 \rightarrow P_3$，$F_1$ 中工件的加工顺序为 $J_3 \rightarrow J_6$，与产品的装配次序一致。F_2 和 F_3 也是如此。因此，插入方法满足两条属性，从而缩短了最大完工时间。

DANEH 算法的步骤在算法 8-2 中给出，其中，每个工件的所有工序加工时间之和计算为 $\mathrm{CJ}_j = \sum_{i=1}^{m} p_{j,i}, j \in \{1,2,\cdots,n\}$。

算法 8-2：DANEH 算法

输入：问题实例参数

输出：一个可行解 S_best

生成速度序列 V

通过让产品的装配时间 pp_q 升序排列建立初始产品序列 $\sigma_p = \{\sigma_p(1), \sigma_p(2), \cdots, \sigma_p(p)\}$

通过 SPT 和参数 CJ_j 建立每个产品内的初始工件序列

for i=1 **to** p //对每个产品

　　随机生成 F–1 个插入位置 $k_1 \sim k_{F-1}$

　　在工件子序列 $k_1, k_2, \cdots, k_F$ 位置插入虚拟工件“0”

end

//对产品序列进行局部搜索

$F_{\max}$=10000;

for i=1 **to** p

　　for j=i+1 **to** p //第 i 个产品有 p–i 个插入位置

　　把第 i 个产品插入 σ_p 的第 j 个位置，构成新的产品序列 σ'_p

　　sf_{j} 储存第 j 个工厂的工件序列

　　for i=1 **to** p

　　　　把产品 σ'_p 中属于第 j 个工厂的工件放入 sf_{j} 中， $j = 1, 2, \cdots, F$

　　end

　　每两个 sf_{j} 之间用 0 连接，构成工件序列 s_f

　　新生成的解表示为 $S = \{s\_f, \sigma'_p, V\}$

　　计算 S 的最大完工时间 $C_{\max}$

---

if $C_{\max}<F_{\max}$，**then** $S_{\text{best}}=S$

end

end

2. 基于最慢允许速度策略的启发式算法

Wang 等[4]提出了最慢允许速度(slowest allowable speed, SAS)策略，该策略为每个工件和产品设置适当的加工或装配速度，以降低 TEC 目标。与 SAS 策略不同，EEDABFSP 考虑了阻塞约束，因此当将前一个工件的完成时间作为参考值时，应注意因阻塞导致的延迟时间的计算。SAS 策略如算法 8-3 所示。

算法 8-3：SAS 策略

输入：问题相关参数

输出：一个可行解 S

随机生成包含工厂分配信息的工件加工序列 π_1

for $f=1$ **to** F

　随机生成工厂 f 的第一个工件的所有工序加工速度，并保存在速度序列 V 中

　计算工厂 f 的第一个工件的所有工序完工时间

　for 工厂 f 的其他工件 j

　　for $i=1$ **to** m //对每一道工序

　　　if $i=1$，增加速度 v 直到 $C_{j-1,i}+\text{pt}_{j-1,i+1}\leqslant C_{j-1,i+1}$

　　　end

　　　if $i>1$，增加速度 v 直到 $C_{j,i-1}+\text{pt}_{j-1,i+1}\leqslant C_{j-1,i+1}$

　　　end

　　　更新 $O_{j,i}$ 的速度为 v，并保存在速度序列 V 中，计算 $O_{j,i}$ 的完工时间 $C_{j,i}$

　　end

　end

end

随机生成一个产品序列 π_2

$S=\{\pi_1, \pi_2, V\}$

通过以上两种启发式算法，可以构造多个种群个体。在 INSGA-II 中，采用了三种初始化策略：DANEH 算法、SAS 策略和随机构造方法。PS 表示种群大小。

由两种初始化策略构造的个体数占种群大小的比例用 PI 表示，由 DANEH 构造的个体占种群大小的比例用 PD 表示。总体初始化策略如算法 8-4 所示。

算法 8-4：总体初始化策略

输入： PS 和其他问题相关参数

输出： 大小为 PS 的种群 P_0

计算由 DANEH 算法和 SAS 策略生成的个体数量 N_1 和 N_2
N_1=PS×PI×PD
N_2=PS–N_1

for i=1 **to** N_1

　　$P_0(i)$←DANEH 算法

end

for $i=N_1+1$ **to** N_2

　　$P_0(i)$←SAS 策略

end

for $i=N_2+1$ **to** PS

　　$P_0(i)$←随机构造方法

end

8.2.3　交叉和变异

交叉和变异策略在 GA 中起着决定性的作用。因此，在各类调度问题情景下，设计不同的交叉和变异算子已成为进化算法中研究的热点。一方面，基于多目标调度问题特征而设计的交叉和变异算子并不多，但往往非支配解集中存在可以用于优化解的大量信息。另一方面，EEDABFSP 不仅包括工件的生产调度和工件的工厂分配信息，还包括装配阶段的产品调度和基于能耗的速度分配信息。因此，交叉和变异策略需要涉及工件序列、产品序列和速度序列的交叉与变异。

1. 交叉策略

Han 等[5]设计的改进块顺序交叉(improved block order crossover, ISBOX)算子通过利用非支配解集并基于两个以上的父代个体，生成子代个体。然而，ISBOX 算子仅适用于求解 FSP 问题。EEDABFSP 除考虑工件加工顺序外还需要考虑工件的工厂分配和机器速度的选择。因此，针对 EEDABFSP，在原有 ISBOX 算子的基础上考虑了以下内容：①当获得基于非支配解集的高频基因块集合时，把虚拟工件“0”考虑在内；②交叉过程中，每个工厂应至少分配一个工件，即虚拟工件

“0”在编码中不能连续或在端点处出现；③对于由 DANEH 算法初始化生成的个体，产品序列的交叉将导致工件序列更改以满足装配属性。通过上述分析，针对工件序列和产品序列提出了基于 ISBOX 算子并考虑工厂分配的交叉策略(DISBOX 算子)。

DISBOX 算子的实现步骤如下。首先，获得一组在所有非支配性个体中频繁出现的多个基因块，并放在一个集合里。其中，每个基因块包含两个基因。然后随机选择父代，寻找父代和集合的共同基因块。如果存在共同基因块，那么此基因块将放置在与父代相同位置的子代中。类似地，再次随机选择父代，创建第二个子代。最后，利用单点交叉算子填充子代的剩余基因位置。

为了理解非支配解集中高频基因块的筛选操作，通过以下例子进行介绍。假设非支配解集为$\Omega=\{\Omega_1, \Omega_2, \Omega_3, \Omega_4\}$。将矩阵定义为$X_{x,y}$来保存基因块$\{x, y\}$出现的次数，其中$x$和$y$是工件名称。例如，$X_{1,2}=2$表示基因块$\{1, 2\}$在$\Omega$内出现次数为 2。矩阵$X$中每一行的最大值的坐标$(x, y)$对应于高频基因块$\{x, y\}$。$\Omega$的实例如下所示：

$$
\begin{aligned}
\Omega_1 &= \{2,3,0,5,4,1,6\} \\
\Omega_2 &= \{1,2,3,4,0,5,6\} \\
\Omega_3 &= \{3,4,5,0,1,6,2\} \\
\Omega_4 &= \{6,4,1,2,0,3,5\}
\end{aligned}
$$

接着介绍高频基因块的筛选过程。第一步是计算工件$i\,(i=0, 1, \cdots, 6)$出现在工件$j\,(j=0, 1, \cdots, 6)$的后一个位置的次数。在给定的Ω内，工件 0～工件 6 出现在工件 1 后一个位置上的次数是$\{0, 0, 2, 0, 0, 0, 2\}$，即矩阵$X_{x,y}$的第二行表示为$\{0, 0, 2, 0, 0, 0, 2\}$。依次进行计算，可得到$X_{x,y}$为

$$
X_{7,7}=\begin{bmatrix}
0 & 1 & 0 & 1 & 0 & 2 & 0 \\
0 & 0 & 2 & 0 & 0 & 0 & 2 \\
1 & 0 & 0 & 2 & 0 & 0 & 0 \\
1 & 0 & 0 & 0 & 2 & 1 & 0 \\
1 & 2 & 0 & 0 & 0 & 1 & 0 \\
1 & 0 & 0 & 0 & 1 & 0 & 1 \\
0 & 0 & 1 & 0 & 1 & 0 & 0
\end{bmatrix}
$$

第二步是搜索X中每行的最大值，然后记录它们的坐标位置。在本例中，每行中最大(最频繁)元素的位置为$(0, 5)$、$(1, 2)$、$(2, 3)$、$(3, 4)$、$(4, 1)$、$(5, 0)$、$(6, 2)$，那么，这些坐标即为高频基因块集合。

最后一步是利用高频基因块进行交叉操作产生子代，如图 8-3 所示。首先，

随机选择两个个体作为父代。其次，在父代 1 和父代 2 中找到高频基因块并放置在子代中的相应位置。最后，利用单点交叉策略填充子代的其余部分。在图 8-3 中，父代 1 在位置 3 处被拆分，位置 3 之前的工件放置在子代 1 中的相应位置。子代 1 中的工件 5 和工件 6 尚未放置。因此，未放置的工件从父代 2 中找到，并按照从前到后的顺序放置在子代空余位置。

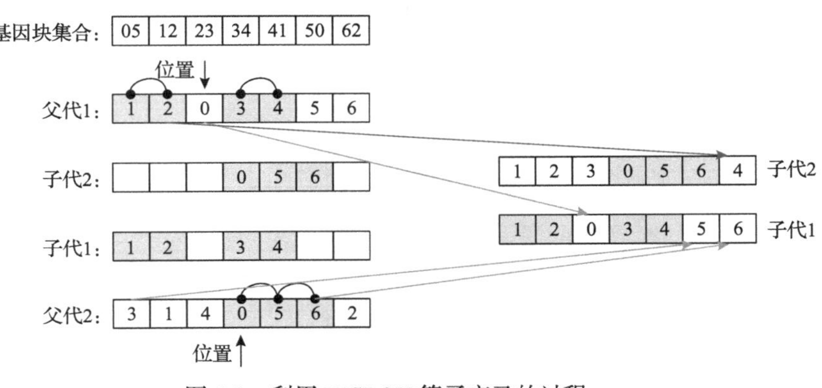

图 8-3　利用 DISBOX 算子交叉的过程

特别地，由 DANEH 生成的个体中，仅对产品序列执行 DISBOX 操作，因为工件顺序的改变是被动的，即产品序列改变导致工件序列改变。对于由其他初始化方式产生的个体，DISBOX 算子适用于工件和产品序列。

机器速度是在有限的类别中随机选择的，速度序列中的元素可以重复。因此，不必考虑类似于在工件或产品序列交叉中的元素重复问题。此外，更简单的速度交叉策略旨在降低算法的时间复杂性。因此，子代 1 中的速度序列生成步骤如下：①随机生成位置 k；②父代 1 中 1～k 位置的速度不变，放置在子代相应位置；子代 1 的第 k+1 位置的速度及其之后的速度用父代 2 的 k+1 位置的速度及其之后的速度替换。子代 2 的速度序列交叉操作也是如此。速度交叉过程如图 8-4 所示。

2. 变异策略

本节提出了四种变异策略。首先，围绕产品的装配属性，提出了两种基于产品的变异算子，分别是产品内交换变异策略和产品间交换变异策略。其次，将 Han 等[5]提出的插入变异策略应用于 EEDABFSP。最后，设计了一种基于交换算子的变异策略算子。

1) 产品内交换变异 (Intra-SM) 策略

Intra-SM 规定，个体中要交换的两个基因必须属于同一个产品，但不一定属于同一个工厂。如图 8-5 所示，属于父代的三个产品包括工件$\{J_3, J_6\}$、工件$\{J_5, J_1, J_2, J_8\}$和工件$\{J_7, J_4\}$。P_1 中的 J_3 属于 F_1，J_5 属于 F_2，J_7 属于 F_3。交换 J_3 和 J_5 以获得子代。交换后的 J_3 属于 F_2，J_5 属于 F_1。然而，每个工厂的工件加工顺序仍然满足第一条属性。

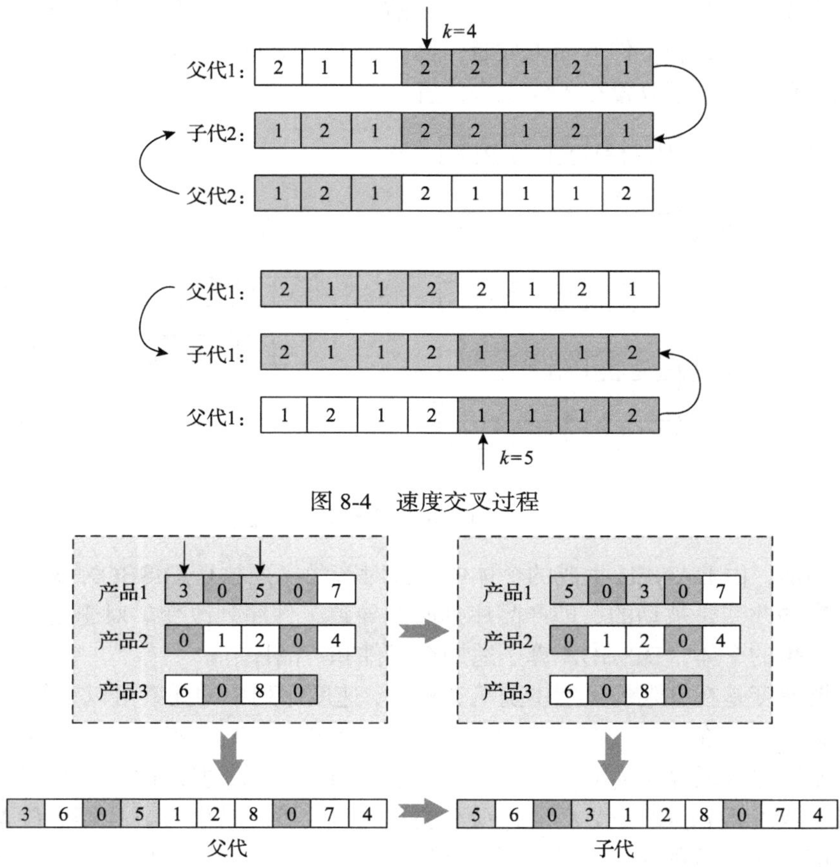

图 8-4　速度交叉过程

图 8-5　Intra-SM 过程

2）产品间交换变异（Inter-SM）策略

Inter-SM 策略要求每个产品都是一个统一的整体。此外，产品装配顺序的更改会导致工件加工顺序的更改，以满足第二条属性。图 8-6 描述了 Inter-SM 策略的变异过程。

3）插入变异（IM）策略

IM 策略过程如图 8-7 所示。从父代中随机选择两个位置 p_1 和 p_2，$p_1<p_2$。然后，将 p_1+1 至 p_2 位置的基因块与 p_1 处的基因交换放入子代中。最后，父代中的其他基因放入子代中的相应位置。

4）基于交换算子的变异（ISM）策略

首先，从父代中随机选择一个工件并记录位置。其次，随机生成一个数字，其取值范围为$\{1, 2, \cdots, n\}$。再次，执行映射操作 $j' = \mathrm{mod}(j+r, n)$，其中 $\mathrm{mod}(j+r, n)$ 是 $j+r$ 除以 n 的余数。最后，通过交换 j 和 j' 获得新的工件序列，如图 8-8 所示。

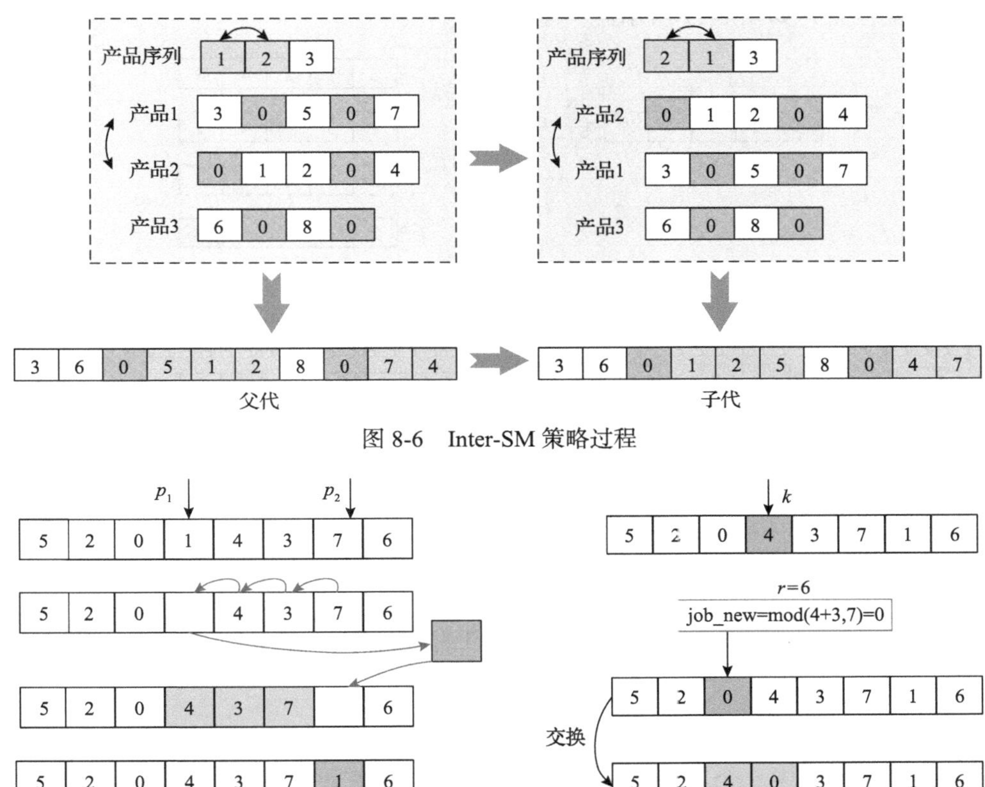

图 8-6　Inter-SM 策略过程

图 8-7　IM 策略过程

图 8-8　ISM 策略过程

这四种策略在变异过程中交替使用。Intra-SM 和 Inter-SM 通常应用于由 DANEH 初始化生成的个体。由于随机初始化生成的个体不受两条属性的约束，所以它们的变异采用 IM 和 ISM 策略。

8.2.4　局部搜索

本节给出三种局部搜索算法，分别是对产品序列执行的局部搜索算法，用 LP 表示，另两种是针对工件序列提出的局部搜索算法，分别用 LJI 和 LJO 表示。另外，局部搜索发生在交叉和变异操作之后。

(1) LP：随机选择某一产品并从所在序列中删除，将该产品插入产品序列的所有可能位置，如图 8-9 所示。

(2) LJI：随机选择某一工件并从所在序列中删除，将该工件插入所在工厂的其他可能位置，如图 8-10 所示。

(3) LJO：随机选择某一工件并从所在序列中删除，将该工件插入其他工厂的其他可能位置，如图 8-11 所示。

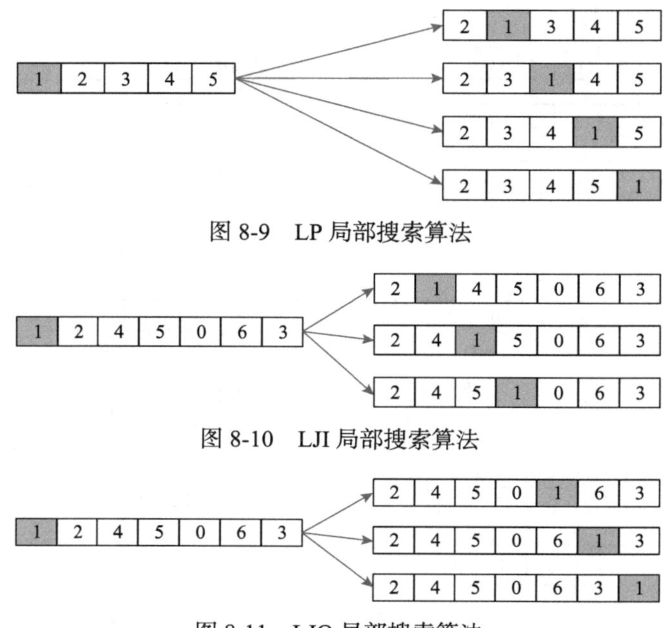

图 8-9　LP 局部搜索算法

图 8-10　LJI 局部搜索算法

图 8-11　LJO 局部搜索算法

在局部搜索过程中，若解决方案的两个目标值都变优，则更新为该解决方案，若解决方案的其中一个目标值变优，则按照一定概率决定该解决方案是否保留。

8.3 实验分析

本节通过实验评估所提出算法的性能，并对实验结果进行恰当分析。所有的实验将在 Intel Core i7 2.9GHz、内存为 8GB 的计算机上实现。

8.3.1 实验算例

算例参数包括：作业数 (n)、机器数 (m)、工厂数 (F) 和产品数 (p)。在每个组合 (n, m, F, p) 下生成 5 个算例，其中 $n=\{20, 40, 60, 80, 100\}$；$m=\{5, 10, 20\}$；$F=\{2, 3, 4, 5\}$；$p=\{4, 8, 10\}$。因此，总共生成 5×3×4×3×5=900 个测试算例。对于每个测试算例，工件的加工时间 $t_{j,i}$ 和 pt_q 在 5～20min 内随机选择。机器加工速度设置为不小于 s 的任一整数，其中 $s=\{2, 3\}$。EC 设置为 $\text{PP}_i, v=4v^2+\text{rand}(1, 3)$，$\text{SP}_i=1+\text{rand}(1, 3)$，$\text{PPP}_v=4v^2+\text{rand}(1,3)$，SPP=1。在接下来的所有实验中，每个算例独立运行 10

次，Eva 设置为 500 并在实验中保持不变。

INSGA-II 算法将与其他三种多目标算法进行比较，即 Zhang 等[6]提出的基于分解的 MOEA/D、Li 等[7]提出的多目标优化算法也称为 BiGE 以及 Deb 等[8]提出的用于解决一般约束多目标优化问题的 ANSGA-III。以上三种算法都被用来求解各种类型的 FSP。MOEA/D、BiGE 和 ANSGA-III 以往没有解决过 EEDABFSP，因此我们扩展了这三种比较算法，将与 INSGA-II 算法相同的交叉和变异策略应用于比较算法中。另外，三种算法的参数是根据各自的源文献确定的。

在实验中使用了三类指标对算法进行评估，即超体积(hyper volume, HV)、反转世代距离(inverted generational distance, IGD)和相对增加百分比(relative percentage increase, RPI)。其中，$\mathrm{RPI}=|p_{\text{best}}-p|/p_{\text{best}}\times 100\%$，$p_{\text{best}}$是所有比较算法中 HV 或 IGD 数值的最佳值。

8.3.2　实验参数

INSGA-II 算法有 5 个可调参数：种群大小，PS；基于 DANEH 和 SAS 策略初始化的个体数量占 PS 的比例，PI；基于 DANEH 策略初始化的个体数量占两种(DANEH 和 SAS)策略初始化的总个体数量的比例，PD；交叉概率，P_c；变异概率，P_m。接下来将采用基于正交矩阵的田口实验来获得 5 个参数的最优值组合。

具体而言，每个参数设置为 4 个水平值，如表 8-3 所示。根据参数的数量和每个参数的水平，选择 $L_{16}(4^5)$的正交阵列，包括 16 个参数组合。本次实验从 900 个测试算例中随机选择不同规模的 60 个作为实验算例。设 $T_{i,j}$表示在参数组合 j 下运行算例 i，其中 $i\in\{1,2,\cdots,60\}$，$j\in\{2,3,\cdots,16\}$。$T_{i,j}$独立运行 10 次。为了在 16 个参数组合下获得每个算例的 16 个 HV 和 IGD 结果，需要指定 $T_{i,j}$的帕累托前沿($\mathrm{PF}_{\text{true}}$)。每个 $T_{i,j}$对应于非支配解集 $P_i(j)$，那么每个算例 i 对应于 16 个非支配解集 $P_i(1)\sim P_i(16)$。因此，$P_i(1)\sim P_i(16)$的刚性非支配解集构成了 $T_{i,j}$的 $\mathrm{PF}_{\text{true}}$。接下来，把在每组参数组合下运行 60 个算例得到的 60 个 HV 或 IGD 值的平均值作为该参数组合的 HV 或 IGD 值。正交矩阵的设置以及 16 组参数组合下所做实验的平均 HV 和平均 IGD 值如表 8-4 所示。此外，计算同一级别的每个参数的 HV 值的平均值($\mathrm{HV}_{\text{average}}$)和 $\mathrm{HV}_{\text{average}}$的最大差值，以根据各个参数对算法的影响程度进行参数等级划分，如表 8-5 所示。

表 8-3　参数的取值

参数	因子水平值			
	1	2	3	4
PS	10	30	50	100
PI	0	0.3	0.6	1.0

续表

参数	因子水平值			
	1	2	3	4
PD	0	0.3	0.6	1.0
P_c	0.2	0.4	0.8	1.0
P_m	0	0.2	0.3	0.5

表 8-4 正交矩阵和 16 组实验的平均 HV 和平均 IGD 值

实验组合编号	参数					平均 HV	平均 IGD/min
	PS	PI	PD	P_c	P_m		
1	1	1	1	1	1	0.0692	1320.0752
2	1	2	2	2	2	0.0957	223.9636
3	1	3	3	3	3	0.0963	333.2357
4	1	4	4	4	4	0.0812	1374.7019
5	2	1	2	3	4	0.0732	1147.9169
6	2	2	1	4	3	0.0972	141.3350
7	2	3	4	1	2	0.0815	1343.7699
8	2	4	3	2	1	0.0101	277.5436
9	3	1	3	4	2	0.0766	1113.9646
10	3	2	4	3	1	0.0827	1243.4113
11	3	3	1	2	4	0.0988	173.2028
12	3	4	2	1	3	0.0104	255.9671
13	4	1	4	2	3	0.0752	1119.4914
14	4	2	3	1	4	0.0103	158.6581
15	4	3	2	4	1	0.0105	137.8332
16	4	4	1	3	2	0.0813	1321.4365

表 8-5 $HV_{average}$ 值和参数等级的划分

水平值	PS	PI	PD	P_c	P_m
1	0.0856	0.0736	0.0866	0.0897	0.0895
2	0.0882	0.0949	0.0945	0.0927	0.0838
3	0.0905	0.0955	0.0945	0.0834	0.0931
4	0.0914	0.0918	0.0802	0.0901	0.0893
差值	0.0026	0.0213	0.0143	0.0093	0.0093
等级	5	1	2	3	4

由表 8-5 可见，PI 是变化最显著的参数，因此，它对整个算法的影响最大，

而 PS 的影响最小。适当设置 PI 和 PD 的值有利于增加种群多样性。因此，为体现算法的最佳性能，本实验取 PS=100、PI=0.3、PD=0.6、P_c=0.4、P_m=0.3 作为算法最终参数结果。

8.3.3　CPLEX 模型验证

为了评估 EEDABFSP 模型的有效性，由精确求解器 IBM ILOG CPLEX 12.7.1 进行验证。CPLEX 的配置如下：最大线程数为 3 个，时间限制为 3h。因为 INSGA-II 算法可以在合理的时间内获得令人满意的最优解集，所以将 30s 的最大 CPU 时间设置为算法停止标准。然后，将工件数量设置为 n={3, 5, 10}，机器数量 m={3, 4, 5}，工厂数量 F={2, 3, 4, 5}和产品数量 p={2, 3, 4}。在不同的(n, m, F, p)组合下，随机生成 132 个小规模算例(除去不合法算例)。CPLEX 使用加权法计算最终目标值，即 obj=0.8$C_{\max}$+0.2TEC。

CPLEX 和 INSGA-II 的比较结果如表 8-6 所示。表中位置“—”表示那些不合理的(n, m, F, p)组合，第 4、6、8、10 列给出了 INSGA-II 算法获得的帕累托解集中的其中一个目标值，这些值支配或强支配 CPLEX 结果。因此，主要结论如下：①对于给定的 132 个算例，所提算法获得了与模型同等或更高质量的解决方案；②对于规模较大的算例，CPLEX 的求解性能远低于 INSGA-II 算法。

表 8-6　CPLEX 与 INSGA-II 的比较结果　(单位：min)

规模(n, m, p)	目标	F=2		F=3		F=4		F=5	
		CPLEX	INSGA-II	CPLEX	INSGA-II	CPLEX	INSGA-II	CPLEX	INSGA-II
(3,3,2)	$C_{\max}$	**36**	38	—	—	—	—	—	—
	TEC	714	**688**	—	—	—	—	—	—
(3,4,2)	$C_{\max}$	40	**37**	—	—	—	—	—	—
	TEC	1120	**1055**	—	—	—	—	—	—
(3,5,2)	$C_{\max}$	44	**31.5**	—	—	—	—	—	—
	TEC	1607	**1586**	—	—	—	—	—	—
(5,3,2)	$C_{\max}$	36	**30**	52	**19**	35	**25**	—	—
	TEC	1267	**1183**	2136	**1475**	1254	**1252**	—	—
(5,3,3)	$C_{\max}$	50	**38**	42	**34**	34	**32**	—	—
	TEC	**1091**	1228	**1140**	1173	1472	**1466**	—	—
(5,3,4)	$C_{\max}$	52	**44**	**48**	**48**	36	**29**	—	—
	TEC	**1009**	1124	1331	**1312**	1329	**1303**	—	—
(5,4,2)	$C_{\max}$	48	**46**	36	**29**	39	**26.8**	—	—
	TEC	**1359**	1412	1683	**1588**	2270	**2252**	—	—

续表

规模 (n, m, p)	目标	F=2		F=3		F=4		F=5	
		CPLEX	INSGA-II	CPLEX	INSGA-II	CPLEX	INSGA-II	CPLEX	INSGA-II
(5,4,3)	C_{max}	48	**43**	49	**41**	43	**41**	—	—
	TEC	**1476**	1690	1792	**1762**	**1596**	1738	—	—
(5,4,4)	C_{max}	64	**52**	50	**41**	41	**33**	—	—
	TEC	**1840**	1949	1789	**1761**	1988	**1964**	—	—
(5,5,2)	C_{max}	44	**42**	52	**36**	56	**29**	—	—
	TEC	**2314**	2422	2692	**2624**	2761	**2732**	—	—
(5,5,3)	C_{max}	52	**48.5**	52	**48**	51	**30**	—	—
	TEC	**1360**	2010	2580	**2518**	2713	**2669**	—	—
(5,5,4)	C_{max}	59	**58.5**	55	**45**	54	**41**	—	—
	TEC	**1908**	1915	2276	**2269**	3022	**2873**	—	—
(10,3,2)	C_{max}	55	**35**	48	**42**	46	**42**	43	**41**
	TEC	2725	**2465**	**1927**	2322	**1917**	1961	2168	**2135**
(10,3,3)	C_{max}	63	**53**	44	**42**	50	**44**	54	**38**
	TEC	**1786**	2069	**2055**	2465	**1958**	2277	**1863**	2422
(10,3,4)	C_{max}	57	**50**	52	**40**	53	**50**	58	**40**
	TEC	**1624**	1935	**1881**	2217	**1972**	2129	**1896**	2178
(10,4,2)	C_{max}	66	**53**	63	**51**	54	**33**	**42**	46
	TEC	**2471**	2686	**2901**	3350	**2927**	3841	3097	**3080**
(10,4,3)	C_{max}	73	**58**	67	**54**	57	**54**	66	**61**
	TEC	**2457**	3201	**3056**	3493	3123	**3118**	3379	**3175**
(10,4,4)	C_{max}	80	**59**	68	**43**	60	**37**	69	**64**
	TEC	**2212**	2995	**2812**	3395	**2616**	3424	**3027**	3431
(10,5,2)	C_{max}	110	**72**	72	**67**	58	**34**	68	**46**
	TEC	**3416**	4321	3985	**3965**	**3976**	4877	4337	**4324**
(10,5,3)	C_{max}	109	**89**	59	**50**	63	**50**	56	**42**
	TEC	**3501**	4301	**3494**	3955	**3979**	4331	4342	**4314**
(10,5,4)	C_{max}	102	**83**	80	**69**	64	**57**	70	**58**
	TEC	**3492**	4211	**3501**	3869	**3994**	4396	**3722**	4128

8.3.4 算法的性能分析

1．初始化策略的性能分析

为验证 DANEH 和 SAS 的有效性，在参数 PS、PD、P_c、P_m不变的情况下改变参数 PI，分别使用 INSGA-II 算法和种群个体全部随机初始化的 INSGA-II(用

rINSGA-II 表示)算法求解 EEDABFSP 的 900 个算例。在两次实验中，设置 PI 的值分别为 0 和 0.3。

表 8-7 展示了 INSGA-II 算法和 rINSGA-II 算法 RPI 平均值。可以看出，INSGA-II 算法的 RPI 值在大多数情况下都低于 rINSGA-II 算法，这表明两种初始化策略可以提高 INSGA-II 算法的搜索能力，并获得更好的解。

表 8-7　INSGA-II 和 rINSGA-II 算法 RPI 平均值　　(单位：%)

(n, m, p)	F=2		F=3		F=4		F=5	
	$RPI_{INSGA\text{-}II}$	$RPI_{rINSGA\text{-}II}$	$RPI_{INSGA\text{-}II}$	$RPI_{rINSGA\text{-}II}$	$RPI_{INSGA\text{-}II}$	$RPI_{rINSGA\text{-}II}$	$RPI_{INSGA\text{-}II}$	$RPI_{rINSGA\text{-}II}$
(20,5,4)	20.8119	**0.0000**	8.4406	**0.0000**	3.5155	**0.0000**	2.2629	**0.0000**
(20,5,8)	22.1868	**0.0000**	5.8895	**0.0000**	4.4899	**0.0000**	2.5455	**0.0000**
(20,5,10)	21.2610	**0.0000**	8.5451	**0.0000**	**1.6201**	18.0670	1.4974	**0.0000**
(20,10,4)	**0.0000**	23.3766	**0.5404**	17.7866	**0.0000**	22.1888	**0.0000**	27.3805
(20,10,8)	**0.0000**	17.2014	**0.0000**	19.3751	**0.0000**	16.4538	**0.0000**	25.0850
(20,10,10)	**0.0000**	13.1728	**0.0000**	2.96191	**3.8907**	9.30385	8.03248	**7.42750**
(20,15,4)	**0.0000**	54.8168	**0.0000**	36.4218	**0.0000**	37.2417	**0.0000**	25.2730
(20,15,8)	**0.0000**	44.5708	**0.0000**	53.3570	**0.0000**	47.2332	**0.0000**	17.3265
(20,15,10)	**0.0000**	44.2266	**0.0000**	40.8762	**1.6167**	35.2019	**0.0000**	25.1477
(40,5,4)	**0.0000**	27.5802	**0.0000**	18.6608	**0.0000**	19.6849	**0.0000**	26.4009
(40,5,8)	**0.0000**	24.4596	**0.0000**	22.1480	**0.0000**	19.3331	**0.0000**	18.3760
(40,5,10)	**0.0000**	29.1095	**0.0000**	33.9258	**0.0000**	16.2011	**0.0000**	25.1601
(40,10,4)	**0.0000**	34.5897	**0.0000**	18.8974	**0.0000**	20.5537	**0.0000**	28.2670
(40,10,8)	**0.0000**	29.3596	**0.0000**	22.3646	**0.0000**	24.0446	**0.0000**	30.2951
(40,10,10)	**0.0000**	35.7282	**0.0000**	18.6889	**0.0000**	25.7439	**0.0000**	19.3671
(40,15,4)	**0.0000**	24.9596	**0.0000**	41.8962	**0.0000**	25.1524	**0.0000**	31.4568
(40,15,8)	**0.0000**	22.8777	**0.0000**	27.4320	**0.0000**	26.4662	**0.0000**	28.9441
(40,15,10)	**0.0000**	21.0560	**0.0000**	70.6763	**0.0000**	24.8305	**0.0000**	34.7916
(60,5,4)	**0.0000**	34.9281	**0.0000**	30.7096	**0.0000**	18.6336	**0.0000**	22.1718
(60,5,8)	**0.0000**	39.0944	**0.0000**	33.1646	**0.0000**	16.3060	**0.0000**	21.9724
(60,5,10)	**0.0000**	37.9400	**0.0000**	28.3358	**0.0000**	51.6760	**0.0000**	25.0362
(60,10,4)	**0.0000**	32.4593	**0.0000**	26.3395	**0.0000**	24.7129	**0.0000**	30.7478
(60,10,8)	**0.0000**	31.1281	**0.0000**	21.1516	**0.0000**	26.3126	**0.0000**	26.1562
(60,10,10)	**0.0000**	35.6365	**0.0000**	26.9181	**0.0000**	22.4693	**0.0000**	24.3475
(60,15,4)	**0.0000**	31.4450	**0.0000**	20.4328	**0.0000**	41.8028	**0.0000**	56.7024
(60,15,8)	**0.0000**	21.3673	**0.0000**	24.4337	**0.0000**	36.1101	**0.0000**	23.1444
(60,15,10)	**0.0000**	32.1713	**0.0000**	24.2058	**0.0000**	37.4681	**0.0000**	32.2980
(80,5,4)	**0.0000**	33.2002	**0.0000**	29.1949	**0.0000**	32.4509	**0.0000**	23.7554

续表

(n, m, p)	F=2		F=3		F=4		F=5	
	$RPI_{INSGA-II}$	$RPI_{rINSGA-II}$	$RPI_{INSGA-II}$	$RPI_{rINSGA-II}$	$RPI_{INSGA-II}$	$RPI_{rINSGA-II}$	$RPI_{INSGA-II}$	$RPI_{rINSGA-II}$
(80,5,8)	**0.0000**	27.8022	**0.0000**	31.6369	**0.0000**	36.8021	**0.0000**	29.0712
(80,5,10)	**0.0000**	29.9912	**0.0000**	35.4656	**0.0000**	46.5767	**0.0000**	36.8320
(80,10,4)	**0.0000**	38.6695	**0.0000**	29.4833	**0.0000**	21.0952	**0.0000**	26.7785
(80,10,8)	**0.0000**	28.6073	**0.0000**	22.1129	**0.0000**	22.4314	**0.0000**	20.7695
(80,10,10)	**0.0000**	25.2353	**0.0000**	52.0874	**0.0000**	42.0458	**0.0000**	46.4568
(80,15,4)	**0.0000**	23.3704	**0.0000**	27.4756	**0.0000**	20.5379	**0.0000**	30.1186
(80,15,8)	**0.0000**	33.3844	**0.0000**	26.7513	**0.0000**	14.8391	**0.0000**	29.0446
(80,15,10)	**0.0000**	28.1476	**0.0000**	29.4033	**0.0000**	19.8019	**0.0000**	20.3641
(100,5,4)	**0.0000**	33.6654	**0.0000**	17.6065	**0.0000**	25.3310	**0.0000**	22.7608
(100,5,8)	**0.0000**	33.0501	**0.0000**	28.0962	**0.0000**	33.7621	**0.0000**	33.1116
(100,5,10)	**0.0000**	36.4567	**0.0000**	44.0802	**0.0000**	26.3123	**0.0000**	37.1626
(100,10,4)	**0.0000**	48.1896	**0.0000**	43.3678	**0.0000**	28.2757	**0.0000**	20.7503
(100,10,8)	**0.0000**	38.3920	**0.0000**	22.7857	**0.0000**	23.0839	**0.0000**	25.0032
(100,10,10)	**0.0000**	41.5841	**0.0000**	30.6752	**0.0000**	31.0956	**0.0000**	20.6976
(100,15,4)	**0.0000**	29.7842	**0.0000**	23.4703	**0.0000**	25.5105	**0.0000**	24.5809
(100,15,8)	**0.0000**	39.5883	**0.0000**	20.6911	**0.0000**	28.1245	**0.0000**	21.1517
(100,15,10)	**0.0000**	27.0899	**0.0000**	25.7049	**0.0000**	20.3934	**0.0000**	23.4728

2. 突变策略的性能分析

交叉和变异算子的性能可以从两方面进行实验：一方面测试参数 P_c 和 P_m 的灵敏度；另一方面测试所提出的交叉和变异算子相对于其他算子的优越性。

将使用单点交叉的 INSGA-II(sINSGA-II)算法与 INSGA-II 算法进行比较。表 8-8 展示了 INSGA-II 算法和 sINSGA-II 算法的 RPI 平均值比较。可以看出，INSGA-II 算法的 RPI 值在大多数情况下都低于 sINSGA-II 算法，这表明突变策略可以提高 INSGA-II 算法的搜索能力，并获得更好的解。

表 8-8　INSGA-II 算法和 sINSGA-II 算法 RPI 平均值　　(单位：%)

(n, m, p)	F=2		F=3		F=4		F=5	
	$RPI_{INSGA-II}$	$RPI_{sINSGA-II}$	$RPI_{INSGA-II}$	$RPI_{sINSGA-II}$	$RPI_{INSGA-II}$	$RPI_{sINSGA-II}$	$RPI_{INSGA-II}$	$RPI_{sINSGA-II}$
(20,5,4)	**0.0000**	25.7665	**0.0000**	6.1867	**0.1351**	8.1084	**0.0000**	4.3825
(20,5,8)	**0.0000**	18.0753	**0.0000**	9.9742	**0.0000**	10.8750	**2.1985**	2.6846
(20,5,10)	**0.0000**	24.7739	**0.0000**	17.3909	**1.3024**	11.2355	10.1966	**3.4933**
(20,10,4)	**0.0000**	28.4837	**0.0000**	15.8296	**2.6316**	11.7501	6.5120	**4.4195**

续表

(n, m, p)	F=2		F=3		F=4		F=5	
	$RPI_{INSGA\text{-}II}$	$RPI_{sINSGA\text{-}II}$	$RPI_{INSGA\text{-}II}$	$RPI_{sINSGA\text{-}II}$	$RPI_{INSGA\text{-}II}$	$RPI_{sINSGA\text{-}II}$	$RPI_{INSGA\text{-}II}$	$RPI_{sINSGA\text{-}II}$
(20,10,8)	**0.0000**	24.0511	**2.9535**	12.9351	**2.3238**	5.6260	10.4995	**0.0000**
(20,10,10)	**0.2314**	13.8644	**0.0000**	12.1260	**3.1634**	5.9232	6.7781	**2.1304**
(20,15,4)	**0.0000**	30.7176	**2.4000**	16.8034	**0.0000**	20.6560	**1.4013**	12.0615
(20,15,8)	**0.0000**	50.3572	**0.0000**	19.1648	**5.9187**	11.4759	14.1777	**0.9637**
(20,15,10)	**0.0000**	31.8313	**2.0303**	14.7716	15.0375	**3.2495**	4.8176	**4.7836**
(40,5,4)	**0.0000**	26.0490	**0.0000**	17.2733	**0.0000**	19.1307	**0.0000**	14.2079
(40,5,8)	**0.0000**	19.8095	**0.0000**	17.3777	**0.0000**	21.3439	**0.0000**	17.1750
(40,5,10)	**0.0000**	23.3511	**0.0000**	26.9915	**0.0000**	20.8167	**0.0000**	21.8240
(40,10,4)	**0.0000**	25.6163	**0.0000**	19.1769	**1.3610**	14.6742	**0.0000**	9.6898
(40,10,8)	**0.0000**	31.1334	**0.0000**	18.0075	**0.0000**	13.6890	**1.5866**	11.1771
(40,10,10)	**0.0000**	27.5812	**0.8655**	12.0829	**0.0000**	13.5693	**2.8085**	10.8761
(40,15,4)	**0.0000**	25.5060	**0.0000**	26.1729	2.3599	**2.2479**	**3.8968**	7.5205
(40,15,8)	**0.0000**	34.9642	**0.0000**	14.4101	**0.9349**	13.9591	**0.0000**	10.0421
(40,15,10)	**0.0000**	25.4828	**0.0000**	24.7033	**1.7857**	14.3109	8.3646	**4.6262**
(60,5,4)	**0.0000**	30.7261	**0.0000**	28.2787	**0.0000**	35.7392	**0.0000**	23.6877
(60,5,8)	**0.0000**	33.9215	**0.0000**	30.8296	**0.0000**	28.1684	**0.0000**	18.0665
(60,5,10)	**0.0000**	30.3977	**0.0000**	41.2157	**0.0000**	29.8736	**0.0000**	28.1928
(60,10,4)	**0.0000**	43.3228	**0.0000**	15.1211	**0.5353**	14.3719	**0.0000**	23.2351
(60,10,8)	**0.0000**	20.3260	**0.0000**	14.5637	**0.0000**	19.1453	**0.0000**	14.1124
(60,10,10)	**0.0000**	24.4139	**0.0000**	20.2702	**0.0000**	17.8984	**0.0000**	13.1095
(60,15,4)	**0.0000**	27.1531	**0.0000**	22.0148	**1.0596**	6.5121	**0.0000**	13.6097
(60,15,8)	**0.0000**	26.2025	**0.4645**	12.3330	**0.0000**	14.0194	**0.0000**	23.5844
(60,15,10)	**0.0000**	31.7360	**0.0000**	20.6569	**0.0000**	18.5327	**0.0000**	21.0489
(80,5,4)	**0.0000**	37.8499	**0.0000**	14.8226	**0.0000**	18.0281	**0.0000**	40.8762
(80,5,8)	**0.0000**	21.2461	**0.0000**	36.9514	**0.0000**	30.4224	**0.0000**	22.4839
(80,5,10)	**0.0000**	29.2006	**0.0000**	33.0420	**0.0000**	30.6734	**0.0000**	17.3893
(80,10,4)	**0.0000**	28.7650	**0.0000**	27.6688	**0.0000**	31.6140	**0.0000**	10.2313
(80,10,8)	**0.0000**	24.3402	**0.0000**	19.0804	**0.0000**	17.0615	**0.0000**	16.2393
(80,10,10)	**0.0000**	32.4363	**0.0000**	23.6911	**0.0000**	16.7761	**0.0000**	18.2130
(80,15,4)	**0.0000**	25.0152	**0.0000**	13.5718	**0.0000**	18.0760	**0.0197**	16.2611
(80,15,8)	**0.0000**	30.6341	**0.0000**	13.8260	**0.0000**	17.8600	**0.5931**	10.6246
(80,15,10)	**0.0000**	41.8151	**0.0000**	18.2867	**0.0000**	20.8985	**0.6441**	9.2640

续表

(n, m, p)	F=2		F=3		F=4		F=5	
	$RPI_{INSGA-II}$	$RPI_{sINSGA-II}$	$RPI_{INSGA-II}$	$RPI_{sINSGA-II}$	$RPI_{INSGA-II}$	$RPI_{sINSGA-II}$	$RPI_{INSGA-II}$	$RPI_{sINSGA-II}$
(100,5,4)	**0.0000**	33.4073	**0.0000**	25.0593	**0.0000**	30.1260	**0.0000**	30.4794
(100,5,8)	**0.0000**	46.1200	**0.0000**	27.8760	**0.0000**	25.2466	**0.0000**	40.2742
(100,5,10)	**0.0000**	27.1278	**0.0000**	46.8136	**0.0000**	21.2613	**0.0000**	53.6034
(100,10,4)	**0.0000**	27.8847	**0.0000**	35.0439	**0.0000**	30.7875	**0.0000**	19.1629
(100,10,8)	**0.0000**	50.0369	**0.0000**	30.2956	**0.0000**	19.0910	**0.0000**	17.3432
(100,10,10)	**0.0000**	31.8532	**0.0000**	31.7668	**0.0000**	20.8834	**0.0000**	30.4259
(100,15,4)	**0.0000**	39.3329	**0.0000**	28.5403	**0.0000**	18.1898	**0.0000**	22.4232
(100,15,8)	**0.0000**	45.0335	**0.0000**	17.4030	**0.0000**	22.4577	**0.0000**	15.6752
(100,15,10)	**0.0000**	30.1884	**0.0000**	31.2016	**0.0000**	24.2126	**0.0000**	18.0984

3. 与其他算法比较

为了更好地说明 INSGA-II 算法的有效性，将 INSGA-II 算法与其他多目标优化算法(MOEA/D、BiGE 和 ANSGA-III)进行比较。首先，从 900 个算例中抽取了不同规模的 60 个算例。然后计算 RPI 值来评估每个比较算法，以更好地说明实验结果的差异性。此外，四种算法的停止标准设置为 0.5n，以验证四种算法在运行时间相同时的性能表现情况。

表 8-9 和表 8-10 分别展示了上述四种比较算法在 HV 和 IGD 两个性能指标方面的比较结果。可以看出，INSGA-II 算法的 HV 和 IGD 值在两个算法终止上限下优于另外其他三种比较算法，这意味着 INSGA-II 算法的收敛性更好，并且解的分布均匀且广泛。

表 8-9　ANSGA-III、BiGE、MOEA/D、INSGA-II 算法的 HV 和 RPI 比较

算例	HV				RPI/%			
	ANSGA-III	BiGE	MOEA/D	INSGA-II	ANSGA-III	BiGE	MOEA/D	INSGA-II
Inst1	0.0621	0.0627	0.0604	**0.1157**	46.3267	45.8081	47.7960	**0.0000**
Inst2	0.0840	0.0809	0.0809	**0.1095**	23.2877	26.1187	26.1187	**0.0000**
Inst3	0.0939	0.0853	0.0905	**0.1067**	11.9963	20.0562	15.1828	**0.0000**
Inst4	0.0769	0.0819	0.0422	**0.1038**	25.9152	21.0983	59.3449	**0.0000**
Inst5	**0.0877**	0.0850	0.0728	0.0823	**0.0000**	3.0787	16.9897	6.1574
Inst6	0.0822	0.0890	0.0729	**0.1165**	29.4421	23.6052	37.4249	**0.0000**
Inst7	0.1235	0.1155	0.1197	**0.1310**	5.7252	11.8321	8.6260	**0.0000**
Inst8	0.0738	0.0720	0.0612	**0.0932**	20.8155	22.7468	34.3348	**0.0000**
Inst9	0.0917	0.0929	0.0788	**0.1084**	15.4059	14.2989	27.3063	**0.0000**

续表

算例	HV				RPI/%			
	ANSGA-III	BiGE	MOEA/D	INSGA-II	ANSGA-III	BiGE	MOEA/D	INSGA-II
Inst10	0.0706	0.0773	0.0682	**0.0840**	15.9524	7.9762	18.8095	**0.0000**
Inst11	0.0791	0.0730	0.0738	**0.0858**	7.8089	14.9184	13.9860	**0.0000**
Inst12	0.1209	0.1202	0.1159	**0.1284**	5.8411	6.3863	9.7352	**0.0000**
Inst13	0.1080	0.1080	0.0969	**0.1436**	24.7911	24.7911	32.5209	**0.0000**
Inst14	0.0436	0.0390	0.0253	**0.0771**	43.4501	49.4163	67.1855	**0.0000**
Inst15	0.0908	0.0807	0.0846	**0.1053**	13.7702	23.3618	19.6581	**0.0000**
Inst16	0.1276	0.1212	0.1063	**0.1459**	12.5428	16.9294	27.1419	**0.0000**
Inst17	0.0143	0.0116	0.0044	**0.0748**	80.8824	84.4920	94.1176	**0.0000**
Inst18	0.0666	0.0679	0.0654	**0.0811**	17.8792	16.2762	19.3588	**0.0000**
Inst19	0.0282	0.0261	0.0135	**0.0518**	45.5598	49.6139	73.9382	**0.0000**
Inst20	0.0683	0.0731	0.0565	**0.0836**	18.3014	12.5598	32.4163	**0.0000**
Inst21	0.0912	0.0889	0.0866	**0.1265**	27.9051	29.7233	31.5415	**0.0000**
Inst22	0.0743	**0.0773**	0.0675	0.0721	3.8810	**0.0000**	12.6779	6.7270
Inst23	0.0571	0.0562	0.0442	**0.0719**	20.5841	21.8359	38.5257	**0.0000**
Inst24	0.0651	0.0609	0.0448	**0.0803**	18.9290	24.1594	44.2092	**0.0000**
Inst25	0.0277	0.0280	0.0197	**0.0607**	54.3657	53.8715	67.5453	**0.0000**
Inst26	0.0685	0.0685	0.0637	**0.1031**	33.5597	33.5597	38.2153	**0.0000**
Inst27	0.1450	0.1503	0.1345	**0.1719**	15.6486	12.5654	21.7568	**0.0000**
Inst28	0.0107	0.0144	0.0000	**0.0434**	75.3456	66.8203	100.0000	**0.0000**
Inst29	0.0349	0.0310	0.0280	**0.0643**	45.7232	51.7885	56.4541	**0.0000**
Inst30	0.0374	0.0237	0.0272	**0.0783**	52.2350	69.7318	65.2618	**0.0000**
Inst31	0.1142	0.1107	0.0921	**0.1320**	13.4848	16.1364	30.2273	**0.0000**
Inst32	0.0972	0.0984	0.0853	**0.1003**	3.0907	1.8943	14.9551	**0.0000**
Inst33	0.0689	0.0659	0.0664	**0.0891**	22.6712	26.0382	25.4770	**0.0000**
Inst34	0.0697	0.0726	0.0547	**0.0819**	14.8962	11.3553	33.2112	**0.0000**
Inst35	0.0591	0.0571	0.0522	**0.0758**	22.0317	24.6702	31.1346	**0.0000**
Inst36	0.0877	0.0836	**0.0973**	0.0951	9.8664	14.0802	**0.0000**	2.2610
Inst37	0.0727	0.0738	0.0597	**0.1263**	42.4386	41.5677	52.7316	**0.0000**
Inst38	0.1188	0.1052	0.0901	**0.1592**	25.3769	33.9196	43.4045	**0.0000**
Inst39	0.0460	0.0400	0.0339	**0.0697**	34.0029	42.6112	51.3630	**0.0000**
Inst40	0.0552	0.0556	0.0140	**0.1126**	50.9769	50.6217	87.5666	**0.0000**
Inst41	0.0206	0.0187	0.0120	**0.0514**	59.9222	63.6187	76.6537	**0.0000**
Inst42	0.0645	0.0616	0.0559	**0.0819**	21.2454	24.7863	31.7460	**0.0000**
Inst43	0.0800	0.0770	0.0564	**0.1165**	31.3305	33.9056	51.5880	**0.0000**
Inst44	0.0326	0.0511	0.0381	**0.0889**	63.3296	42.5197	57.1429	**0.0000**

续表

算例	HV				RPI/%			
	ANSGA-III	BiGE	MOEA/D	INSGA-II	ANSGA-III	BiGE	MOEA/D	INSGA-II
Inst45	0.0641	0.0593	0.0562	**0.0894**	28.2998	33.6689	37.1365	**0.0000**
Inst46	0.0277	0.0272	0.0251	**0.0552**	49.8188	50.7246	54.5290	**0.0000**
Inst47	0.0448	0.0433	0.0133	**0.0663**	32.4284	34.6908	79.9397	**0.0000**
Inst48	0.1305	0.1313	0.1191	**0.1516**	13.9182	13.3905	21.4380	**0.0000**
Inst49	0.0985	0.0991	**0.1034**	0.0977	4.7389	4.1586	**0.0000**	5.5126
Inst50	0.0826	0.0837	0.0758	**0.1321**	37.4716	36.6389	42.6192	**0.0000**
Inst51	0.0505	0.0439	0.0239	**0.0842**	40.0238	47.8622	71.6152	**0.0000**
Inst52	0.0362	0.0326	0.0230	**0.0726**	50.1377	55.0964	68.3196	**0.0000**
Inst53	0.0528	0.0512	0.0410	**0.0744**	29.0323	31.1828	44.8925	**0.0000**
Inst54	0.1216	0.1216	0.1110	**0.1565**	22.3003	22.3003	29.0735	**0.0000**
Inst55	0.0653	0.0630	0.0519	**0.1054**	38.0455	40.2277	50.7590	**0.0000**
Inst56	0.0486	0.0475	0.0443	**0.0951**	48.8959	50.0526	53.4175	**0.0000**
Inst57	0.0714	0.0704	0.0650	**0.0907**	21.2789	22.3815	28.3352	**0.0000**
Inst58	0.0928	0.0843	0.0876	**0.1006**	7.7535	16.2028	12.9225	**0.0000**
Inst59	0.1098	0.1037	0.0979	**0.1225**	10.3673	15.3469	20.0816	**0.0000**
Inst60	**0.0854**	0.0756	0.0621	0.0817	**0.0000**	11.4754	27.2834	4.3326

表 8-10　ANSGA-III、BiGE、MOEA/D、INSGA-II 算法的 IGD 和 RPI 比较

算例	IGD				RPI/%			
	ANSGA-III	BiGE	MOEA/D	INSGA-II	ANSGA-III	BiGE	MOEA/D	INSGA-II
Inst1	392.4881	454.6420	547.5202	**26.3481**	1389.6258	1625.5210	1978.0254	**0.0000**
Inst2	121.2171	146.8733	175.9230	**48.2952**	150.9920	204.1157	264.2660	**0.0000**
Inst3	**75.2212**	138.7834	78.3307	154.2344	**0.0000**	84.5004	4.1338	105.0411
Inst4	59.5237	75.4971	215.0258	**31.5085**	88.9132	139.6087	582.4374	**0.0000**
Inst5	**53.5780**	57.9854	94.5603	185.8154	**0.0000**	8.2261	76.4909	246.8129
Inst6	390.6849	442.7508	557.8977	**187.0428**	108.8746	136.7110	198.2727	**0.0000**
Inst7	**148.8020**	253.6610	300.3405	164.0936	**0.0000**	70.4688	101.8390	10.2765
Inst8	114.9224	**66.2038**	407.6137	234.9055	73.5888	**0.0000**	515.6953	254.8218
Inst9	**57.8834**	88.5483	84.9620	62.1113	**0.0000**	52.9770	46.7813	7.3042
Inst10	168.8584	**105.7973**	301.7646	266.0836	59.6056	**0.0000**	185.2290	151.5032
Inst11	215.2745	**193.5965**	224.7555	922.5224	11.1975	**0.0000**	16.0948	376.5181
Inst12	54.5570	**52.8760**	278.9292	90.5069	3.1791	**0.0000**	427.5157	71.1682
Inst13	1323.2595	1322.0278	1371.7071	**108.5317**	1119.2378	1118.1029	1163.8769	**0.0000**
Inst14	159.9621	174.0611	309.6968	**57.3852**	178.7515	203.3205	439.6806	**0.0000**
Inst15	257.7234	157.5552	298.5263	**92.8068**	177.6988	69.7669	221.6643	**0.0000**

续表

算例	IGD				RPI/%			
	ANSGA-III	BiGE	MOEA/D	INSGA-II	ANSGA-III	BiGE	MOEA/D	INSGA-II
Inst16	459.8667	419.6012	705.6467	**70.6702**	550.7222	493.7456	898.5067	**0.0000**
Inst17	2439.5643	2389.5041	2694.9545	**248.0421**	883.5283	863.3462	986.4908	**0.0000**
Inst18	**81.9456**	90.2540	87.2520	130.7406	**0.0000**	10.1389	6.4755	59.5456
Inst19	114.2126	113.8618	179.3129	**90.0497**	26.8328	26.4433	99.1266	**0.0000**
Inst20	**75.6603**	84.9186	196.1687	114.9139	**0.0000**	12.2367	159.2756	51.8814
Inst21	1828.8075	1450.7813	2691.8859	**253.1464**	622.4308	473.0997	963.3712	**0.0000**
Inst22	**139.1432**	180.9861	193.1182	895.8857	**0.0000**	30.0718	38.7910	543.8588
Inst23	**167.6229**	292.0815	460.5984	705.6374	**0.0000**	74.2492	174.7825	320.9672
Inst24	203.4182	**91.0029**	538.5317	684.3172	123.5294	0.0000	491.7742	651.9730
Inst25	531.4725	479.4897	764.2277	**126.4895**	320.1712	279.0747	504.1827	**0.0000**
Inst26	488.7012	478.9536	663.4434	**112.8519**	333.0465	324.4090	487.8886	**0.0000**
Inst27	1576.2660	1529.9125	2201.2003	**212.9802**	640.0998	618.3356	933.5234	**0.0000**
Inst28	307.9907	353.4781	396.8011	**45.0649**	583.4381	684.3756	780.5103	**0.0000**
Inst29	704.3524	792.6876	909.3872	**116.5026**	504.5808	580.4034	680.5725	**0.0000**
Inst30	2844.7614	2997.8726	3381.3113	**436.1176**	552.2923	587.4000	675.3210	**0.0000**
Inst31	1153.7477	1074.5065	1789.6218	**255.4960**	351.5717	320.5571	600.4500	**0.0000**
Inst32	173.9017	**91.2637**	346.0870	213.2830	90.5486	**0.0000**	279.2165	133.6997
Inst33	627.3652	551.4725	533.9744	**89.6450**	599.8329	515.1737	495.6544	**0.0000**
Inst34	233.5695	**160.5899**	212.3360	666.0984	45.4447	**0.0000**	32.2225	314.7822
Inst35	244.8861	334.4248	**224.2777**	320.3746	9.1888	49.1119	**0.0000**	42.8473
Inst36	**240.3369**	387.8104	734.4015	581.5024	**0.0000**	61.3612	205.5717	141.9530
Inst37	3228.8253	3379.1095	4093.6918	**564.9880**	471.4856	498.0852	624.5626	**0.0000**
Inst38	2655.8403	2688.5943	3067.7978	**326.2122**	714.1450	724.1857	840.4301	**0.0000**
Inst39	243.7613	311.3317	465.7954	**41.0761**	493.4383	657.9388	1033.9816	**0.0000**
Inst40	2017.6982	2276.6853	2516.3664	**120.4520**	1575.1056	1790.1183	1989.1030	**0.0000**
Inst41	557.2039	715.5714	704.7510	**153.9962**	261.8296	364.6682	357.6418	**0.0000**
Inst42	172.3946	155.6515	263.5091	**142.9896**	20.5644	8.8551	84.2855	**0.0000**
Inst43	3669.0901	3609.8345	4768.5867	**366.4774**	901.1777	885.0088	1201.1953	**0.0000**
Inst44	2637.1090	2276.9018	3008.4121	**323.3148**	715.6475	604.2368	830.4901	**0.0000**
Inst45	118.6406	115.2550	105.4047	**48.1434**	146.4317	139.3994	118.9390	**0.0000**
Inst46	940.5332	1146.1269	990.9915	**457.5216**	105.5713	150.5077	116.5999	**0.0000**
Inst47	255.4956	194.5639	339.7546	**274.5956**	31.3171	**0.0000**	74.6237	41.1339
Inst48	2277.5805	2024.2022	2336.7171	**349.8536**	551.0096	478.5855	567.9128	**0.0000**
Inst49	**125.8337**	203.8736	260.1282	821.2809	0.0000	62.0183	106.7238	552.6717
Inst50	4786.1424	5071.0305	5754.1900	**406.7980**	1076.5403	1146.5721	1314.5079	**0.0000**

续表

算例	IGD				RPI/%			
	ANSGA-III	BiGE	MOEA/D	INSGA-II	ANSGA-III	BiGE	MOEA/D	INSGA-II
Inst51	1677.2920	1619.4389	1864.1966	**134.4220**	1147.7809	1104.7425	1286.8240	**0.0000**
Inst52	1236.4426	1416.3962	1362.1969	**138.9361**	789.9362	919.4587	880.4485	**0.0000**
Inst53	309.1087	269.7661	163.5505	**99.2376**	211.4834	171.8386	64.8070	**0.0000**
Inst54	6764.8705	6502.3069	8010.5276	**584.3931**	1057.5890	1012.6598	1270.7430	**0.0000**
Inst55	4120.3808	4753.4758	5142.7299	**459.7462**	796.2294	933.9348	1018.6019	**0.0000**
Inst56	4190.6284	4515.7672	4530.2528	**207.9914**	1914.8085	2071.1317	2078.0962	**0.0000**
Inst57	971.2587	1417.2551	2240.9183	**224.9189**	331.8262	530.1183	896.3228	**0.0000**
Inst58	1147.7999	1599.2743	1907.0508	**442.0736**	159.6400	261.7665	331.3876	**0.0000**
Inst59	1584.7200	1464.8621	2071.2545	**366.6905**	332.1683	299.4819	464.8509	**0.0000**
Inst60	**127.6030**	232.9877	360.3059	681.3383	**0.0000**	82.5879	182.3648	433.9516

8.4 本章小结

本章提出了 INSGA-II 算法来解决 EEDABFSP。首先，建立了对应的数学模型。然后，在 INSGA-II 算法中，使用一维向量来表示解的编码，并利用虚拟工件“0”区分工件的工厂分配；根据问题的装配阶段属性，设计相对应的初始化方法，提高了种群中个体的多样性；设计基于多个个体的交叉算子和基于装配属性的变异算子，拓宽算法的搜索空间；融入三种局部搜索策略，提升算法的挖掘能力。最后，通过调整参数、模型验证、算法策略对比和与其他算法对比等一系列实验，证明了本章所提算法的有效性。

参考文献

[1] Shao Z S, Shao W S, Pi D C. Effective constructive heuristic and metaheuristic for the distributed assembly blocking flow-shop scheduling problem[J]. Applied Intelligence, 2020, 50(12): 4647-4669.

[2] Nawaz M, Enscore E E Jr, Ham I. A heuristic algorithm for the m-machine, n-job flow-shop sequencing problem[J]. Omega, 1983, 11(1): 91-95.

[3] Anwar A, Rochman D D, Ferdian R. Parallel machine scheduling with shortest processing time (SPT) and longest processing time (LPT) to minimize MAKESPAN at PT. ABC[J]. Geographical Education (RIGEO), 2021, 11(6): 403-407.

[4] Wang J J, Wang L. A knowledge cooperative algorithm for energy-efficient scheduling of distributed flow-shop[J]. IEEE Transactions on Systems, Man and Cybernetics: Systems, 2020, 50(5): 1805-1819.

[5] Han Y Y, Gong D W, Jin Y C, et al. Evolutionary multiobjective blocking lot-streaming flow shop scheduling with machine breakdowns[J]. IEEE Transactions on Cybernetics, 2019, 49(1): 184-197.

[6] Zhang Q F, Li H. MOEA/D: A multiobjective evolutionary algorithm based on decomposition[J]. IEEE Transactions on Evolutionary Computation, 2007, 11(6): 712-731.

[7] Li M Q, Yang S X, Liu X H. Bi-goal evolution for many-objective optimization problems[J]. Artificial Intelligence, 2015, 228: 45-65.

[8] Deb K, Jain H. An evolutionary many-objective optimization algorithm using reference-point-based nondominated sorting approach, part I: Solving problems with box constraints[J]. IEEE Transactions on Evolutionary Computation, 2014, 18(4): 577-601.

第 9 章　智能服装业调度问题实例验证

为了进一步分析所提出的算法在智能服装业实际应用中的性能，根据国内某企业工件配送、产品分批交付等过程生成的数据，通过改进鲸鱼群优化算法求得最优解。

9.1　带装配阶段的分布式流水车间调度问题实例验证

9.1.1　工厂生产流程

根据某服装公司的加工特点[1]，可将其生产过程分成计划、加工、装配三个不同的阶段。如表 9-1 所示，计划阶段是生产前的规划，包括工件、用料、时间、能耗等的计划；加工阶段将各种零部件分配给各个工厂，开始准备加工；在装配阶段，通过使用智能优化算法合理安排加工装配序列，使得目标函数最优。最后根据三阶段的生产规划画出如图 9-1 所示的加工装配流程图。

表 9-1　生产过程三阶段

项目	计划阶段	加工阶段	装配阶段
形式和内容	生产前计划、装配前计划	生产工件、原材料需求	生产调度、机器装配
对象	零部件	工件	产品
操作数据	加工和装配最大完工时间、起重机运输和机器工作能耗	分配工厂、加工顺序、加工时间	产品分配、机器分配、装配时间
编制部门	产前规划部	加工部	装配部
工作范围	全厂	车间及相关部门	工厂及机器
优化方法	线性规划、搜索决策法则、线性决策法则	批量算法	工件优化算法

9.1.2　实例数据导入

根据某服装公司生产过程中产生的实际数据[1]，列出如表 9-2 所示的生产调度数据。数据中有 5 个工厂、每个工厂有 5 台机器同时工作，并用起重机将加工完的配件运送到装配机器上装配成产品。表 9-2 中，款式代表装配机器上的产品，用料类型作为待加工的工件。另外，分别列举了每个产品所包含的工件在加工时的能耗、起重机从不同工厂运送工件到装配机器上的能耗以及在装配机器上装配产品的能耗。

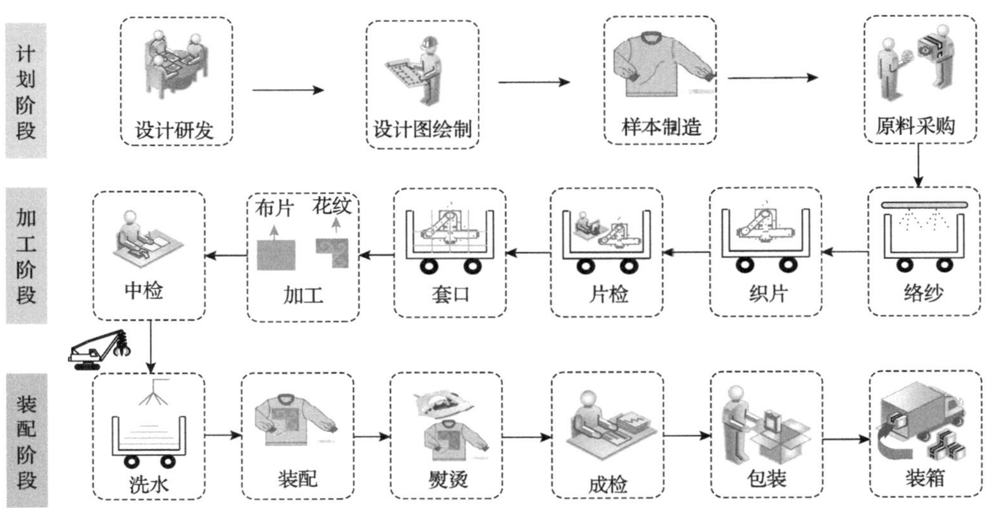

图 9-1　加工装配流程图

表 9-2　生产调度数据

款式	用料类型	颜色	寸数/in①	件数/件	重量/g	加工能耗/(W·h)	起重机能耗/(W·h)	装配能耗/(W·h)
圆领衫	大申料	湖绿	34	314	220	2.87	0.3	1.22
圆领童装	大申料	蓝色	34	314	220	3.35	0.3	1.21
女童拉链衫	大申料	黄色	34	314	220	2.93	0.3	0.90
童装长裤	大申料	白色	34	314	220	3.29	0.3	1.22
拉链帽衫	罗纹	红色	34	314	220	3.00	0.3	0.98
女装长裤	罗纹	玫红	34	314	220	3.28	0.3	0.75
女装风衣	罗纹	蓝色	34	314	220	2.83	0.3	0.73
女士 V 领衫	罗纹	湖绿	34	314	220	2.75	0.3	1.12
风衣	汗布	白色	34	314	220	3.28	0.3	1.26
坎肩	汗布	黄色	34	314	220	2.64	0.3	0.60

① 1in=2.54cm。

9.1.3　实例结果分析

算法种群大小设为 50，算法停止条件为 30s，变异概率为 0.8，交叉概率为 0.2，采用 8.2 节提出的 INSGA-II 算法，分别迭代 30 次得到最优解，利用 C++运行出目标值，图 9-2 给出了算法所得最优解的甘特图。其中，每个方框代表一个工件，相同颜色的方框代表由多个工件组成的产品，同一水平线上的产品代表在相同装配机器上进行装配，相互平行的产品代表在不同的装配机器上进行装配。

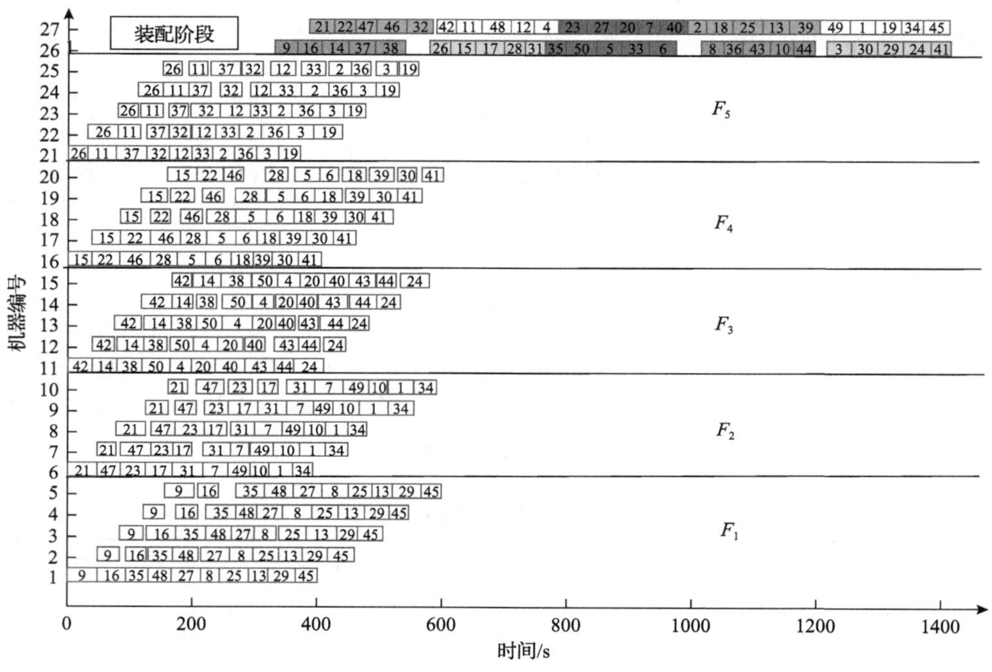

图 9-2 带装配约束的服装生产调度最优解的甘特图

9.2 带分批交付约束的分布式流水车间调度问题实例验证

9.2.1 工厂生产流程

某针织服装企业在生产针织服装时，主要包括前期准备、生产加工以及分批交付阶段[2]，如图 9-3 所示。前期准备阶段主要包括设计研发、设计图绘制、样本制造以及原料采购等步骤；生产加工阶段主要包括络纱、织片、片检、套口、缝纫、中检等流程；分批交付阶段主要包括洗水、车唛、熨烫、成检、分批处理及交付客户等流程。企业首先根据客户的产品需求，在前期准备阶段，完成准备原材料、设计样本等工序。然后在生产加工阶段，多个生产工厂、多台相同机器同时进行生产。在生产过程中，为了提高生产效率、获得最大利益，可以通过缩短最大完工时间来增产增速；最后对加工好的产品经过分批交付并按照不同的批次分配给有需求的客户，在分批交付过程中，交付成本由交付时间和交货的准时率决定，因此通过缩短交付时间、提高交货的准时率可以降低交付成本。

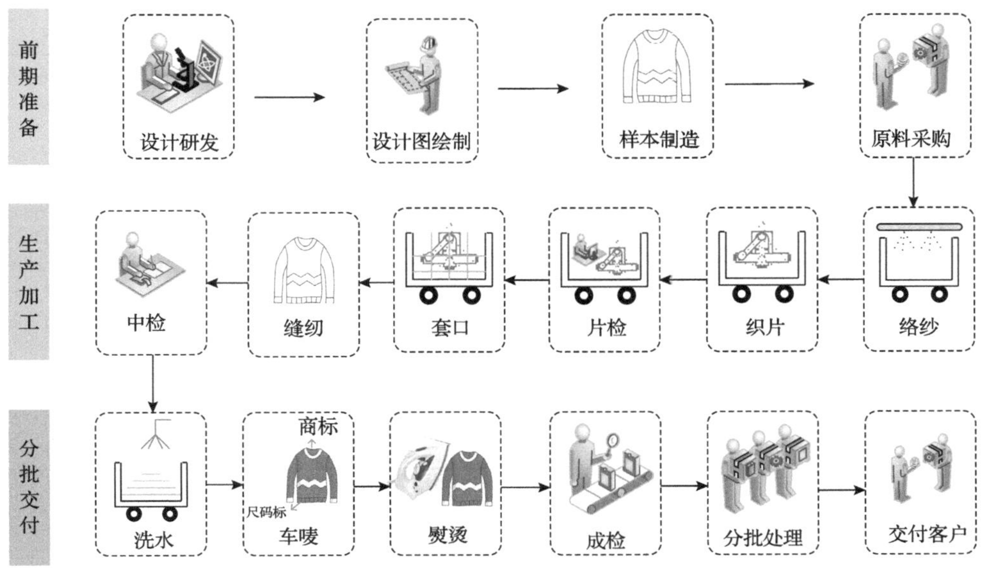

图 9-3　分批交付流程示意图

9.2.2　实例数据导入

在生产中，有 5 个分布式工厂，8 台相同的处理机器。在加工过程中，工件在工厂中的前后序列固定，不能改变。在分批交付阶段，分成 4 个批次，每个批次有 5 个产品，并进行交付。如表 9-3 所示，在分布式流水车间中，20 个产品分成 4 个批次交付给两个客户，在交付过程中，12 月 12 日开始加工，并计划在 12 月 31 日完工。所有产品分配给 5 个工厂，每个工厂拥有相同数量的机器同时进行加工。如表 9-4 所示，分批之后开始在各个工厂进行加工，每个产品要经过该工厂的所有加工机器进行加工，并统计了单个产品在各个机器上的加工时间。

表 9-3　分布式流水车间各产品的分批情况

批次款式	订单数量/件	产品个数	产品编号	开始加工时间	计划交货日期
A_1	1800	5	10，13，16，19，20	12 月 12 日	12 月 31 日
A_2	1000	5	1，3，9，14，18	12 月 12 日	12 月 31 日
A_3	1800	5	2，4，6，7，15	12 月 12 日	12 月 31 日
A_4	900	5	5，8，11，12，17	12 月 12 日	12 月 31 日

表 9-4　分布式流水车间各批次的加工时间

批次	产品编号	产品批量加工时间/s							
		M_1	M_2	M_3	M_4	M_5	M_6	M_7	M_8
H_1'	20	47	30	36	38	38	32	35	39
	13	42	48	49	32	30	45	44	32
	19	40	43	47	49	40	32	45	39
	16	39	35	47	36	48	38	38	34
	10	32	45	48	45	31	38	35	39
H_2'	18	48	32	30	43	47	40	43	39
	1	34	33	38	42	35	35	38	32
	14	36	31	49	44	33	31	39	34
	3	37	31	46	35	48	32	43	36
	9	33	46	45	36	34	37	45	43
H_3'	7	32	41	32	37	44	36	30	44
	4	32	40	45	49	34	33	42	44
	15	35	31	35	42	38	30	41	32
	2	30	47	48	42	45	33	34	33
	6	37	39	33	38	39	42	30	39
H_4'	8	34	46	33	44	36	43	39	39
	5	43	45	33	30	33	31	45	40
	11	32	31	43	37	43	30	47	38
	12	33	43	37	46	39	45	45	48
	17	45	31	30	37	33	47	36	39

根据文献中的调度计划，在机器编号、加工顺序等方面的信息设置如下：

machine_start(机器编号)=[1 2 3 4 5 6 7 8 1 2 3 4 5 6 7 8 1 2 3 4 5 6 7 8 1 2 3 4 5 6 7 8 1 2 3 4 5 6 7 8];

produce_id(产品编号)=[20 13 19 16 10 18 1 14 3 9 7 4 15 2 6 8 5 11 12 17]。

9.2.3　实例结果分析

图 9-4 给出了算法所得最优解的甘特图。其中，每个方框代表一个加工产品，相同颜色的方框代表同一批次交付的产品，同一水平线上的批次代表一个客户分多个批次交付，相互平行的批次代表交付给不同的客户。

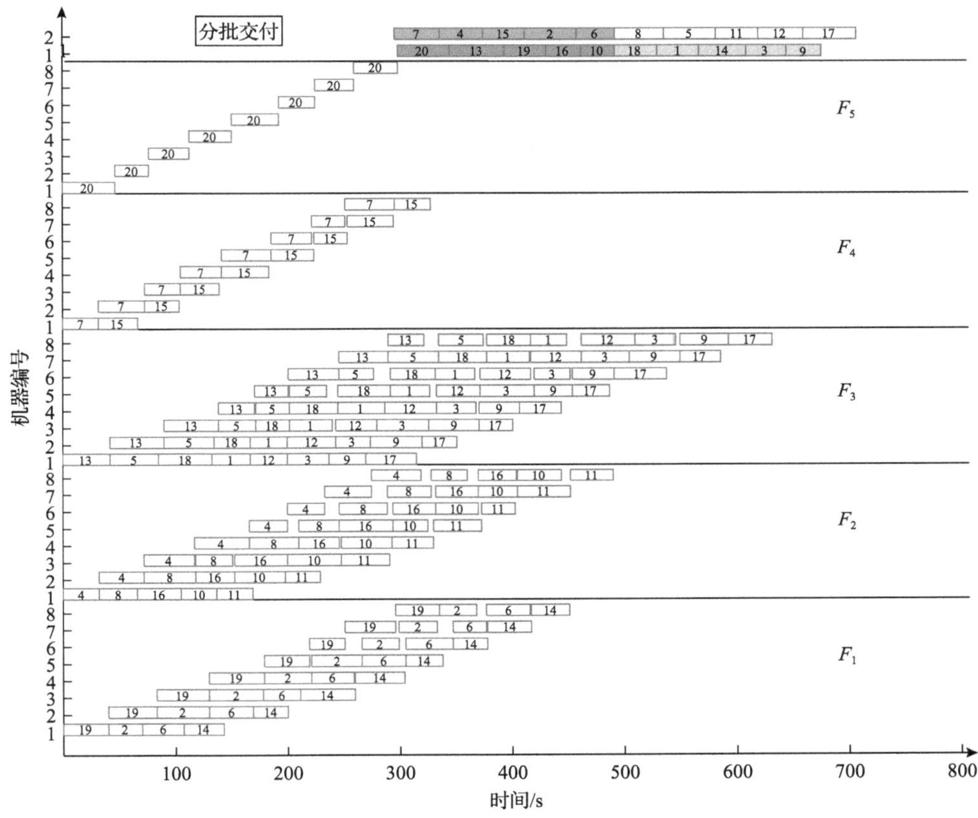

图 9-4　带分批交付约束的服装生产调度最优解的甘特图

9.3　本 章 小 结

本章在第 4 章和第 5 章的基础上，采用所提出的 IWOA-NS 算法框架，在国内某服装工厂的实际生产数据的基础上，针对带装配阶段、分批交付约束的分布式流水车间调度问题开展实例验证。IWOA-NS 算法结果进一步证明了所提出的优化算法可以有效用于实际生产调度中。

参 考 文 献

[1] 范丹丹. 生产计划智能调度及其在服装 ERP 中的应用[D]. 上海: 东华大学, 2005.

[2] 陆金芳. 改进的 NSGAII 算法在服装企业生产调度中的应用研究[D]. 广州: 暨南大学, 2018.

第 10 章　制药业调度问题实例验证

图 10-1 给出了某制药工厂生产流程图，制药生产中一些片剂药品生产调度的主要制备过程是：把大量原辅料和溶剂混合，经过灭菌，在工厂内的机器上经过粉碎、称重与分料、制粒、干燥、整粒、压片包衣、包装等多个工序进行加工，这些顺序不能颠倒，每个机器都有相应的工序操作。制药工厂的生产调度车间如图 10-2 所示。

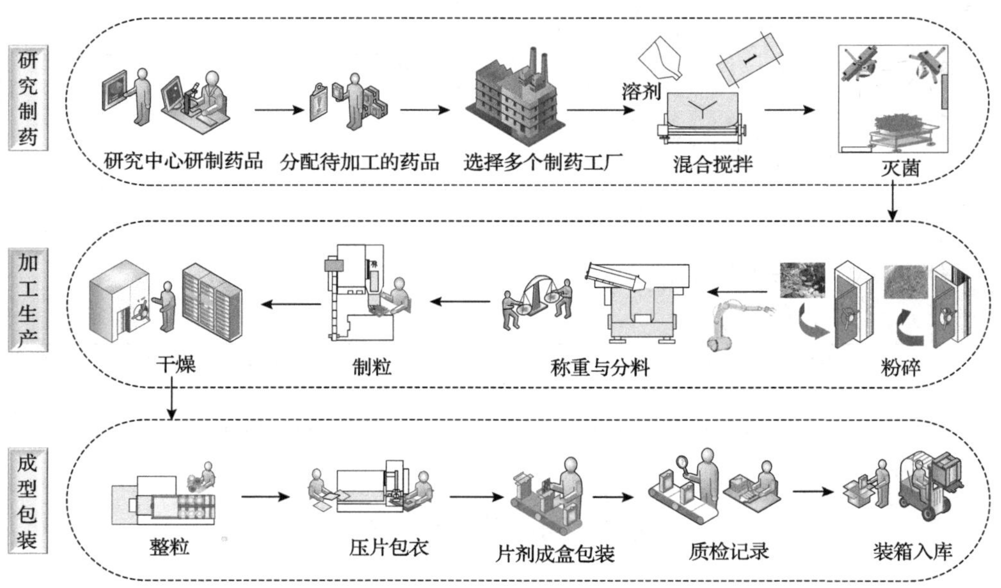

图 10-1　片剂生产的主要工艺过程

该制药工厂在不同地区拥有多个智能工厂，表 10-1 是车间中相应设备每小时生产能力。阿司匹林是常见的片剂药品，包装规格一般是 0.5g/每片×500 片/瓶×20 瓶/件，由于其在市面上需求量大，制造商也会将各个商户订单分配给各制药工厂批量生产。表 10-2 给出了某制药工厂主要生产机器加工能力信息。

通过片剂生产过程中各药品在不同工序中的操作时间、调度所需的装卸时间，生成测试算例，根据算例进行仿真实验获得使各个制药工厂的最大完工时间最小的最佳调度序列。下面针对提出的问题进行实例分析，同时对 IIG 算法的有效性进行应用验证。

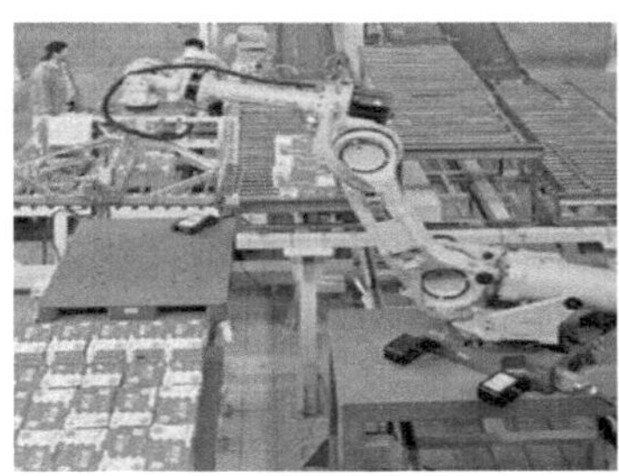
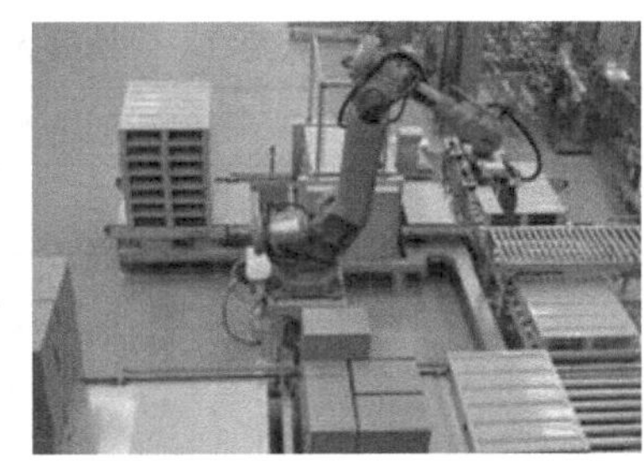

图 10-2　制药工厂的生产调度车间

表 10-1　制药工厂中主要机器的每小时生产能力

机器型号	生产能力
WF-30 万能粉碎机	30～300kg/h
ZS-350 振动筛机	60～360kg/h
FL-30 型制粒机	12～1000kg/h
FZ-300 整粒机	30～300kg/h
GZP28B1 压片机	4×10^4～1.9×10^5 片/h
DPR-160 型平板式包装机	400 板/h

表 10-2　工厂车间内某些制备工序所需时间

药品名称	工序时间/s							所需数量/片
	搅拌	制粒	干燥	整粒	压片	调度		
	M_1	M_2	M_3	M_4	M_5	装载	卸载	
阿司匹林片	9	18	45	15	15	2	1	10000
盐酸环丙沙星片	2	8	1	20	10	3	2	5000
醋酸氢化可的松片	10	10	25	15	15	5	1	2000
VC 泡腾片	5	20	3	5	20	1	5	10000
复方磺胺甲噁唑片	6	15	20	10	15	2	3	5000

10.1　带机器人约束的 DPFSP 实例验证

如表 10-3 所示，20 个待加工药品分配给 2 个工厂加工，每种片剂在工厂中都有相应的调度顺序，最后两列是机器人装载和卸载时间。通过将这个算例进行数据导入，以最小化最大完工时间为求解目标，在 CPU 停止条件设定为 30s 的情况下，通过 IIG 算法进行了 30 次独立的运行实验得到最优调度序列的甘特图。

表 10-3　机器人调度实验数据

药品序号	各机器的加工时间/s			机器人装卸时间/s	
	M_1	M_2	M_3	$L_{j,i}$	$U_{j,i}$
0	45	37	48	1.29	1.06
1	46	35	36	1.42	1.36
2	47	46	48	1.04	0.62
3	43	40	34	0.95	1.13
4	31	47	41	1.44	0.69
5	33	31	38	0.75	0.58
6	36	44	35	0.93	0.63
7	45	30	44	1.41	1.02
8	33	35	35	0.8	1.3
9	43	36	41	1.48	1.05
10	38	37	34	1.33	0.66
11	39	38	49	0.61	0.67
12	47	33	33	1.36	1.03
13	33	39	33	1.48	0.65
14	44	42	30	1.2	0.89
15	32	43	47	0.95	0.5
16	30	47	43	0.66	1.11
17	33	48	45	1.41	0.84
18	33	31	43	0.86	0.7
19	46	40	42	0.96	0.75

表 10-4 给出了各工厂一些药品的工序完工数据，图 10-3 给出了两个工厂中工件调度的实例甘特图，其中白色矩形代表了工件的加工时间。在工厂 F_1，工件调度顺序为 {0,1,2,12,5,6,7,8,11,13,15}，在工厂 F_2，工件调度顺序为 {4,9,10,3,14,16,17,18,19}。在 F_2 中，机器人先搬运 J_4 到 M_1，等待 J_4 在 M_1 上加工完后卸载其到 M_2，在 M_2 上的完工时间为 160s。而 J_9 在 M_2 上加工完成后，J_9 需要机器人卸

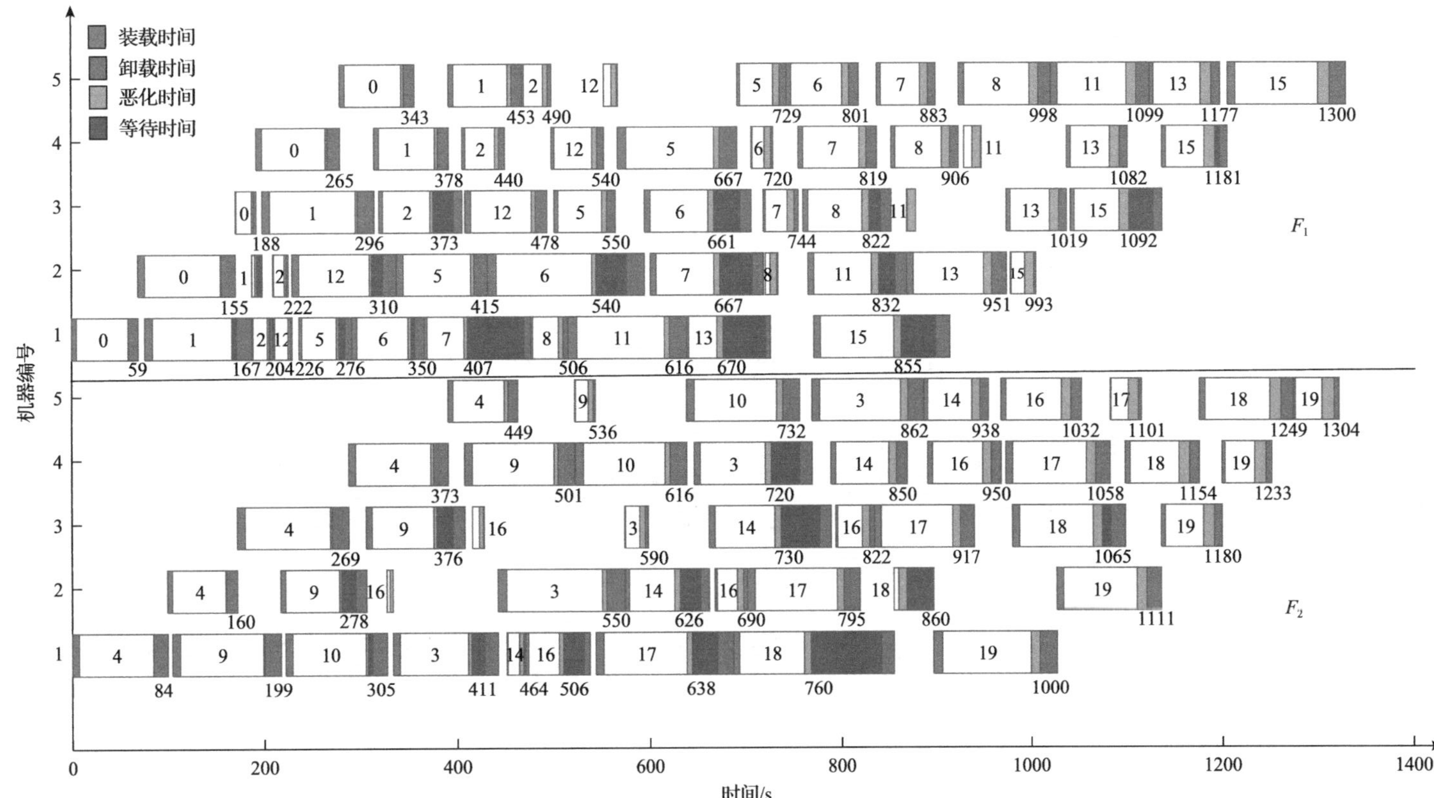

图 10-3　带机器人约束的DPFSP实例甘特图

表 10-4　部分工序完工数据

工厂	调度序列位置/药品序号	加工机器/(完工时间/s)
F_1	1/ J_0	M_1 /59, M_2 /155, M_3 /188, M_4 /265, M_5 /343
	5/ J_5	M_1 /276, M_2 /415, M_3 /550, M_4 /667, M_5 /729
	15/ J_{15}	M_1 /855, M_2 /993, M_3 /1092, M_4 /1181, M_5 /1300
F_2	4/ J_3	M_1 /411, M_2 /550, M_3 /590, M_4 /720, M_5 /862
	9/ J_{18}	M_1 /760, M_2 /860, M_3 /1065, M_4 /1154, M_5 /1249
	10/ J_{19}	M_1 /1000, M_2 /1111, M_3 /1180, M_4 /1233, M_5 /1304

载的时间是 278s，但是机器人在时间为 269s 时开始卸载 J_4 ，J_9 等待机器人卸载完 M_3 上的工件 J_4 后才能到 M_3 上进行下一步加工。

由实例的甘特图可见，通过 IIG 算法使每个工厂的工件调度顺序相同，而且机器人在装卸其他工件时，已完成加工的工件在原机器上等待，一些工件还会有恶化时间，最后使所有工厂的最大完工时间达到最小，并获得了最佳调度序列。因此，IIG 算法在求解该问题时是有效的。

10.2　带机器人约束和订单约束的 DPFSP 实例验证

制药业订单管理系统的应用提高了工厂的效率，通过客户指定的各种药品名称和数量生成订单，从而把同一个订单中待加工的药品分配到同一个工厂进行加工，在工厂内经过一定的工序加工为成品。如表 10-5 和表 10-6 所示，共 20 个待加工的片剂，5 台机器，2 个工厂，3 个订单，每个订单包含一定数量的药物片剂。

图 10-4 展示了调度结果，每个白色的小矩形对应一个工件加工时间。在初始化策略中，将 3 个订单分配给了 3 个工厂：订单 H_1 中的工件为{1, 3, 7, 11, 12, 14, 16}，订单 H_2 中的工件为{2, 4, 5, 9, 13, 15, 19}，订单 H_3 中的工件为{0, 6, 8, 10, 17, 18}。每个订单中的工件必须分配到同一工厂进行加工，订单 H_3 分配给了 F_2 ，订单 H_1 分配到 F_3，订单 H_2 分配给了 F_1 。为了使工厂的最大完工时间最小，通过 IIG 算法中的策略对工件的位置进行测试，获得 F_1 中工件的最佳调度顺序为{5, 2, 4, 15, 13, 9, 19}， F_2 中工件的最佳调度顺序为{18, 8, 0, 6, 10, 17}， F_3 中工件的最佳调度顺序为{1, 14, 16, 3, 7, 12, 11}。

以 F_1 中工件加工情况为例，机器人首先运送 J_5 到 M_1 上进行加工，然后机器人将已完成加工的 J_5 从 M_1 卸载并装载其到下一个机器加工。机器人再按照 F_1 中工件调度顺序运送 J_2 到 M_1 ，然后又及时卸载了完成加工的 J_2 ，但是机器 M_2 上工件 J_5 正在加工，由于每台机器一次只能加工一个工件，等待卸载机器 M_1 上工

表 10-5　订单分配调度问题的实验数据

药品序号	各机器加工时间/s					机器人装卸时间/s	
	M_1	M_2	M_3	M_4	M_5	$L_{j,i}$	$U_{j,i}$
0	54	79	16	66	58	0.91	1.17
1	83	3	89	58	56	0.84	0.5
2	15	11	49	31	20	1.19	0.74
3	71	99	15	68	85	1.28	1.08
4	77	56	89	78	53	1.12	1.14
5	36	70	45	91	35	0.55	0.95
6	53	99	60	13	53	1.31	0.77
7	38	60	23	59	41	1.11	1.41
8	27	5	57	49	69	1.45	0.92
9	87	56	64	85	13	0.77	0.86
10	76	3	7	85	86	1.41	0.54
11	91	61	1	9	72	0.52	1.03
12	14	73	63	39	8	1.42	1.32
13	29	75	41	41	49	0.71	0.66
14	12	47	63	56	47	0.68	1.45
15	77	14	47	40	87	0.97	0.76
16	32	21	26	54	58	1.21	0.88
17	87	86	75	77	18	1.19	0.62
18	68	5	77	51	68	1.17	1.49
19	94	77	40	31	28	0.85	1.44

表 10-6　订单信息

订单编号	每个订单中包含的药品							订购数量/个
H_1	1	3	7	11	12	14	16	1880
H_2	2	4	5	9	13	15	19	1600
H_3	0	6	8	10	17	18		2000

件 J_2 后，机器人把 J_4 送到 M_1 上加工，再去卸载在 M_2 上已完成加工的 J_5，紧接着搬运其到 M_3 再装载 J_4 到 M_2，J_2 离开 M_2 的时间是 154s，这时机器人处于空闲状态，J_4 完成加工的时间是 157s，这时机器人可以直接装卸 J_4 到 M_2 上进行加工。

通过详细分析实例甘特图，发现各时间块没有重合，而且获得的是最佳调度序列，并求解出了工厂的最小化最大完工时间，因此 IIG 算法在求解该问题方面是有效的。

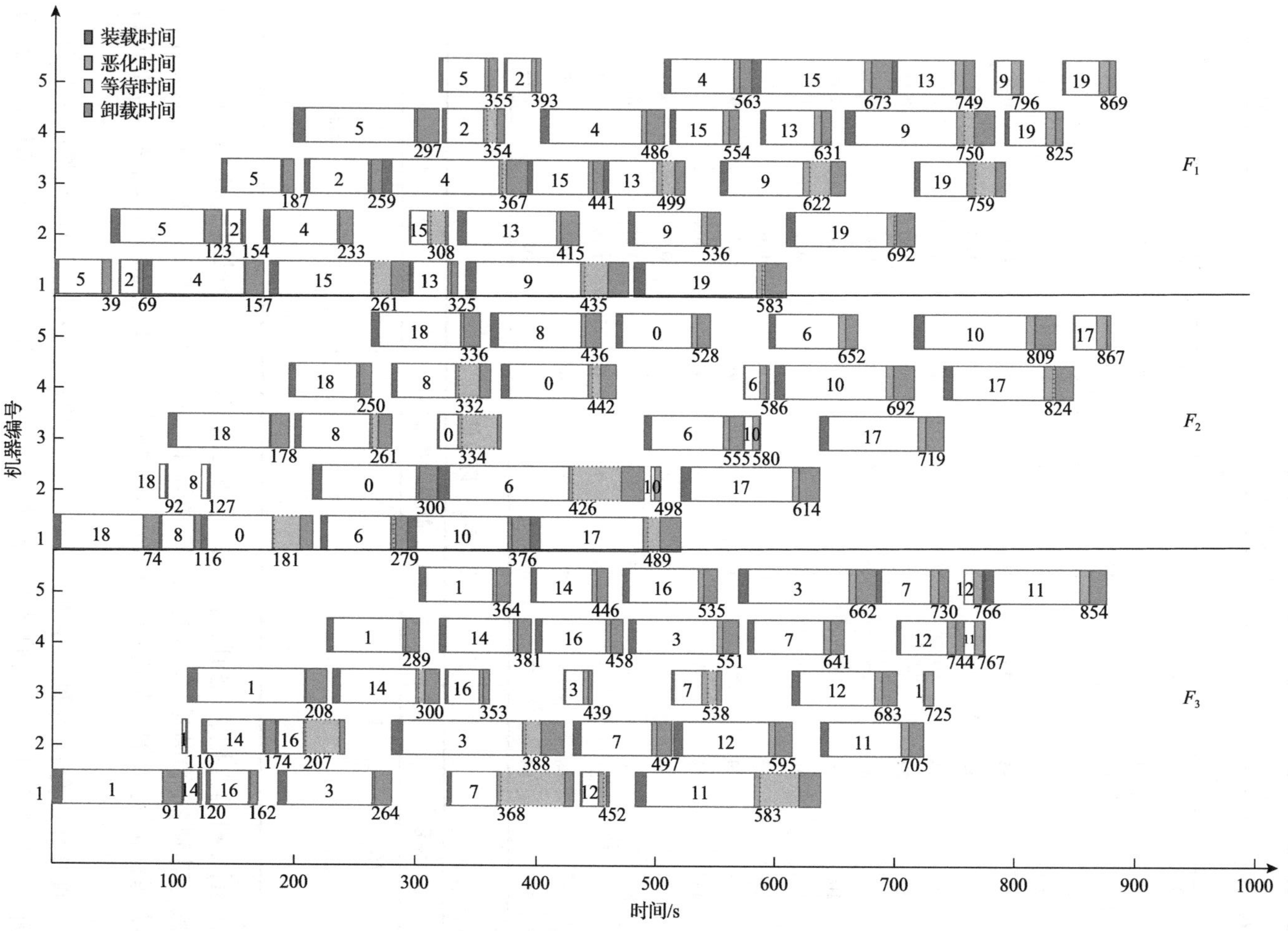

图 10-4　带机器人约束和订单约束的DPFSP实例甘特图

10.3 本 章 小 结

本章在第 6 章和第 7 章的基础上，采用所提出的 IIG 算法框架，在国内某制药工厂的实际生产数据的基础上，针对带机器人约束、订单约束的分布式流水车间调度问题开展实例验证。算法结果进一步证明了所提出的 IIG 算法可以有效用于实际生产调度中。